UMA ENCARNAÇÃO ENCARNADA EM MIM

Bruna Beber

UMA ENCARNAÇÃO ENCARNADA EM MIM

cosmogonias encruzilhadas em **STELLA DO PATROCÍNIO**

1ª edição

JO JOSÉ OLYMPIO

Rio de Janeiro
2022

Copyright © Bruna Beber, 2022

Projeto gráfico de capa e ilustração: Giulia Fagundes
Projeto gráfico de miolo: Ilustrarte Design

CIP-BRASIL. CATALOGAÇÃO NA PUBLICAÇÃO
SINDICATO NACIONAL DOS EDITORES DE LIVROS, RJ

B352e

Beber, Bruna, 1984-
Uma encarnação encarnada em mim : cosmogonias encruzilhadas em Stella do Patrocínio / Bruna Beber. – 1. ed. – Rio de Janeiro : José Olympio, 2022.
240 p. ; 23 cm.

ISBN 978-65-5847-070-0

1. Patrocínio, Stella do, 1941-1992. 2. Ensaios brasileiros. I. Título.

21-75064

CDD: 869.4
CDU: 82-4(81)

Camila Donis Hartmann – Bibliotecária – CRB-7/6472

Este livro foi revisado segundo o Novo Acordo Ortográfico da Língua Portuguesa.

Todos os direitos reservados. Proibida a reprodução, o armazenamento ou a transmissão de partes deste livro, através de quaisquer meios, sem prévia autorização por escrito.

O presente trabalho foi realizado com apoio da Coordenação de Aperfeiçoamento de Pessoal de Nível Superior — Brasil (Capes) — Código de Financiamento 001.

Este livro é oriundo da dissertação de mestrado homônima apresentada ao programa de Teoria e História Literária do Instituto de Estudos da Linguagem (IEL), da Universidade Estadual de Campinas (Unicamp), sob orientação de Eduardo Sterzi, defendida em 11 de janeiro de 2021.

Reservam-se os direitos desta edição à
EDITORA JOSÉ OLYMPIO LTDA.
Rua Argentina, 171 — 3º andar — São Cristóvão
20921-380 — Rio de Janeiro, RJ
Tel.: (21) 2585-2000.

Seja um leitor preferencial Record.
Cadastre-se no site www.record.com.br
e receba informações sobre nossos lançamentos e nossas promoções.

Atendimento e venda direta ao leitor:
sac@record.com.br

Impresso no Brasil
2022

Este ensaio é dedicado à voz
de todas as mulheres
do aqui, do *entre* e do além-total.

SUMÁRIO

Apresentação: Pedacinhos de Stella para quem tem fé,
por Giovana Xavier   11

Introdução   19

    Breve cartorário   21

    Acusmática mediada por livro   27

    À primeira escuta   35

1   Uma encarnação encarnada em mim:
Cosmogonias encruzilhadas em Stella do Patrocínio   43

2   A fala, o canto, a voz   155

3   A geografia da voz:
Transcrição acústico-topográfica do *Falatório*   189

4   Decantório:
Partituras para o *Falatório*   201

Posfácio: No desvio de caminho, um encontro,
por Edimilson de Almeida Pereira   229

Referências   237

APRESENTAÇÃO

PeDacinHOS De STeLLa PaRa Quem Tem Fé

GIOVana XavieR[*]

---

[*] Mãe, professora da Universidade Federal do Rio de Janeiro e ativista científica.

uma encarnação encarnada em mim. Quando ouvi esta belezura de título, talhado por Bruna Beber, tal qual uma obra de arte que explicamos pelo simples ato de sentir, com a inteireza corpo-mente-espírito, enredei-me. O envolvimento foi tamanho que decretei a obrigatoriedade da pronúncia em voz alta, autorizando-me, como faz Bruna Beber, a *ouviscutar* Stella do Patrocínio. No meu caso, de duas formas.

A primeira, por meio das palavras próprias de Stella. Acesas na primeira pessoa de uma mulher negra, com trajetória cravada na história do Brasil Republicano, Primeira Guerra Mundial, ditadura militar, redemocratização. Em tempos de plano cruzado, a segunda forma de *ouviscutar* nossa protagonista conectou-me à biografia e ao pensar de Bruna Beber. Reconhecida poeta, mulher branca, oriunda da periferia do Rio de Janeiro (Duque de Caxias) e que desenvolve a pesquisa que dá origem a este livro em uma Unicamp das ações afirmativas de 2021, bastante diferente daquela em que me tornei doutora, em 2012. Há nessas primeiras linhas "muitos atravessamentos", expressão corriqueira no "Falatório" de jovens universitárias. Escrita, primeira pessoa, mulher negra, mulher branca, feminismo, direito, privilégio.

A lista de afetos de minha leitura em plano cruzado, como se percebe, é extensa e intensa, tornando desafiadora a escolha de uma direção para este prefácio. Enquanto escolhia que rumo tomar, peguei minha mente pensando: *eu tinha planos diferentes para a entrada de Stella do Patrocínio pela porta da frente do mundo acadêmico.* Achei instigante "pegar a mente pensando".

Dei corda. Acordei comigo mesma escrever um "Falatório" de verdades.

Se existe uma Giovana que sonha ler a história de Stella do Patrocínio escrita por intelectuais negras, há também uma Giovana que admira Bruna Beber pela coragem, determinação e, principalmente, pelo cuidado com que carrega a história dessa grande pensadora brasileira para o meio científico. O que a autora e a editora do livro vão pensar sobre meu texto? Pode ser que ele morra na primeira leitura e eu precise pedir a Stella que me empreste suas palavras para no futuro mostrá-lo: (...) *Meu nome verdadeiro é caixão enterro/ cemitério defunto cadáver esqueleto humano asilo de velhos* (...). Pode ser que vingue. Nesse caso, pedirei emprestado a Stella outras de suas tantas palavras: (...) *Ser boa sempre poder fazer o bem/ como eu vejo outras pessoas fazendo o bem pra mim/ elas fazem o bem pra mim/ me fazem tão bem que eu não sei como agradecer/ não sei nem como agradecer de tão bem que elas fazem pra mim/ eu não sei nem como agradecer/ não tem nem como agradecer/ de tão bem que elas me tratam/ e fazem o bem pra mim* (...).

Todo esse "Falatório" é, na verdade, registro do processo de busca de equilíbrio entre meu ponto de vista sobre a marginalização da intelectualidade de mulheres negras na produção acadêmica e o pioneirismo, brilho e criatividade de Bruna Beber. Mestranda que, de forma ousada, subiu as escadas do Instituto de Estudos da Linguagem da Unicamp para *encarnar* Stella do Patrocínio acompanhada por Exus, pretos velhos, pombagiras, divindades indígenas, iorubás, deuses gregos. Uma Bruna que, para nosso encantamento, transforma sua dissertação de mestrado neste livro-oferenda que temos em mãos, que muito me honra ser a escolhida para prefaciar, o que tem a ver com ajudar a carregar a oferenda. A empurrar junto o barco, para que atravesse o mar.

A próxima coisa que será dita, fazendo valer meu passaporte de "Que história você quer contar?", não é sobre mim ou Bruna. É afinal sobre Stella do Patrocínio. Nascida em 9 de janeiro de 1941, a filha de Manoel e Zilda Francisco do Patrocínio foi menina alegre. Desde cedo aprendendo a equilibrar a amarelinha e o pique-esconde com as responsabilidades assumidas em um lar... de pessoas de bem, completa minha avó. Na adolescência, brinquedos raros misturavam-se a ideias fartas que pipocavam em sua mente. E que, pelo intenso prazer de se sentir livre, deixava vir. Eram tantas, mas tantas, que tinha dificuldade de guardar.

Lotada de palavras, a moça faladeira, futura dona do *Falatório*, aos 21 anos integrava a classe trabalhadora carioca como empregada doméstica, residente em Botafogo, bairro da Zona Sul do Rio de Janeiro. Estamos em 1962, há apenas dois anos fora publicada a obra *Quarto de despejo: diário de uma favelada*, de Carolina Maria de Jesus, que, tal qual Stella, ousou falar e registrar na primeira pessoa suas ideias. Uma, em livros. A outra, na mente; mais tarde, no gravador de voz. Ambas partilham uma parecença. Nos termos de Lélia Gonzalez, "assumiram o risco da fala com todas as suas implicações", tornando-se sujeitas de ideias escutadas, observadas e registradas por profissionais da arte, da saúde e do mercado editorial — mulheres brancas e homens brancos da elite. E ao fazerem esse proclamado "lixo que vai falar" foram cobradas a pagar impostos maiores do que as reservas disponíveis. Mas não se intimidaram, falaram "numa boa". E foram até o fim na missão de registrar sua existência — enquanto mulheres negras brasileiras, disseram "sim" a ser quem queriam, e "não" à desumanização. Usando uma expressão da historiadora Márcia Cardoso, a algumas, como eu, tem cabido "inventariar" o pensamento delas e de tantas outras que não param de chegar. Em um trabalho de "linha de continuidade histórica", sussurra do céu Maria Beatriz Nascimento.

apresentação   15

Estamos em agosto de 1962. Um novo dia começa. Stella do Patrocínio tenta sair de Botafogo e chegar à Central do Brasil quando, sem maiores explicações, é abordada e levada por uma viatura policial ao pronto-socorro, e de lá encaminhada para o Centro Psiquiátrico Pedro II. Diagnosticada com esquizofrenia, é transferida, em 3 de março de 1966, para a Colônia Juliano Moreira, no subúrbio de Jacarepaguá. Data de 20 de janeiro de 1992 a morte. Prefiro dizer "a passagem" de Stella do Patrocínio. Uma moça e senhora que ao todo viveu trinta anos, dois terços de sua vida, em duas instituições psiquiátricas.

Voltando à nossa anfitriã, "amor é uma palavra pra quem sabe dar valor". Saber cantado pelas pombagiras quando estão na terra e que Bruna Beber pratica no seu livro. *Uma encarnação encarnada em mim* é basicamente uma oferenda de amor, com amor, sobre o amor. O amor de Stella do Patrocínio ao que cultivou por toda a vida, seu espírito criativo, livre, esperançoso, nutrido por ideias talhadas na forma de frases feitas: "Lugar de cabeça é na cabeça", "Eu não existia/ não tinha existência", "Nos gases eu me formei e tomei cor". Ideias circunstanciadas pela escrita criativa de Bruna Beber, que legitima o direito de Stella pertencer a lugares que esta, em seus pensamentos — os secretos e os partilhados —, sempre autorizou como seus. A autorização de uma mulher negra "profeta" e "poeta" que aprendeu, em condições extremamente desumanas, a transformar o desgaste da invisibilidade, como se refere o escritor Ralph Ellison em *O homem invisível*, em combustão para escrita e registro de sua existência.

Se, pelo lado da história tradicional, é suficiente contar a história de Stella como a de "uma mulher negra, pobre, de biografia em grande parte desconhecida, ascendente e descendente do cárcere racial" e generalizá-la para todo um grupo, Bruna Beber alcança outro patamar. Faz isso ao "recontar" o *Falatório* de Stella lançando mão de ferramentas que estão dentro da gente. Que permitem andar "na encruza da ciência com as crenças", acompanhada por cosmogonias de orixás, griots, messias, deuses, poetas, psicanalistas, vizinhos imaginários e demais personagens — reais e historicamente imaginados — com quem cola para executar sua missão: a de dialogar com Stella "a partir da escuta".

A escuta de "uma mulher branca sentada em uma cadeira, em um pequeno cômodo de um apartamento de tamanho médio no bairro da Barra Funda, na cidade de São Paulo, trinta anos depois". A estudante de mestrado com carreira literária bem-sucedida que deseja ouvir a voz de Stella, a detentora do poder de tornar a palavra "verbo encarnado". O desejo de Bruna Beber é acompanhado pelo investimento intelectual, emocional, espiritual de criar e partilhar conosco o seu método de escuta — pelo "que *foi* dito" e "por *como* foi dito" —, o qual vamos acompanhando e do qual nos tornamos parte. Um tomar parte que significa "encarnar a encarnação" de Stella nas nossas singulares histórias.

Ao assinalar a importância e reconhecer a genialidade de uma mulher negra que "apresenta-se com graça em trajes improvisados", Bruna Beber transforma-se em autora-curadora que ilumina, com coragem e determinação, a "encarnação encarnada" de Stella do Patrocínio. Intelectual negra que encanta ao proclamar em voz alta o oráculo da existência de quem nasce "velha" para se tornar "criança". Um oráculo divino que possibilita "diagramar" com beleza e maestria a vida de mulheres brasileiras. Uma fantástica diagramação referenciada na perspectiva teórica de existir forjada por Stella do Patrocínio: (...) *Um anjo bom que deus fez/ para sua glória e seu serviço.* (...) *Um homem chamado cavalo é o meu nome* (...).

Obrigada, Bruna! Modupé, Stella!

apresentação 17

INTRODUÇÃO

breve cartorário

Stella do Patrocínio foi uma mulher negra nascida no estado do Rio de Janeiro no dia 9 de janeiro de 1941. Sua certidão de nascimento ainda não foi localizada, portanto não se sabe a cidade onde nasceu, tampouco a hora. Mas sabe-se que era filha de Manoel do Patrocínio, sergipano, cuja profissão é desconhecida, e Zilda Francisca do Patrocínio, doméstica. Era a caçula de pelo menos seis irmãos, hoje todos já falecidos: Germiniano, Olívia, Abidelcrim, Antônio, Carlos e Ruth, que deixou três filhos: Cosme, Eduardo e Reinaldo do Patrocínio, herdeiro ainda vivo. De acordo com a memória dele, era uma tia inteligente, carinhosa, dedicada e que costumava andar com cadernos pra cima e pra baixo. Gostava de estudar e de escrever, atividade à qual dedicava boa parte de seu tempo livre, pois almejava se desligar do serviço como empregada doméstica nas casas das famílias cariocas abastadas da Zona Sul do Rio de Janeiro, a última delas no bairro do Humaitá, nas proximidades da Igreja da Matriz, à rua Maria Eugênia.[1]

Aos 21 anos, no dia 15 de agosto de 1962, Stella foi deliberadamente registrada e encaminhada pela 4ª Delegacia de Polícia, localizada na avenida Presidente Vargas, 1100, para o Centro Psiquiátrico Pedro II, atual Instituto Municipal Nise da Silveira, no bairro

---

[1] Os dados reunidos foram colhidos e levantados por Anna Carolina Vicentini Zacharias, em sua dissertação de mestrado *Stella do Patrocínio: da internação involuntária à poesia brasileira*, Universidade Estadual de Campinas, 2020, pp. 177-196.

do Engenho de Dentro. O motivo tampouco é conhecido, mas, à mercê de seu desamparo, foi examinada e diagnosticada: "personalidade psicopática mais esquizofrenia hebefrênica, evoluindo sob reações psicóticas" — e sua sorte foi confiada a esse único diagnóstico, que a asilaria para sempre do mundo exterior. Quatro anos depois, no dia 3 de março de 1966, foi transferida para o Núcleo Teixeira Brandão, pavilhão de mulheres da Colônia Juliano Moreira, em Jacarepaguá, onde viveu por quase trinta anos e de onde saiu aos 51 anos de idade, em 20 de outubro de 1992, dia de sua morte, em decorrência de uma hiperglicemia que culminou na amputação de uma de suas pernas e configurou um grave processo infeccioso.[2] Foi enterrada como indigente no Cemitério de Inhaúma.

Seis anos antes, em 1986, à altura dos 45 anos de idade e 24 anos de cárcere, o cotidiano manicomializado de Stella do Patrocínio sofreu uma fortuita variação quando a artista plástica Nelly Gutmacher, então professora da Escola de Artes Visuais do Parque Lage (EAV), recebeu um convite da psicanalista Denise Correa para montar um ateliê de artes, semanal e voluntário, dentro do Projeto de Livre Criação Artística, juntamente com seus alunos da EAV, na Colônia Juliano Moreira. Esse ateliê foi formado em decorrência dos debates da luta antimanicomial e ficava dentro de um galpão do Núcleo Teixeira Brandão, onde funcionou durante dois anos e meio. Era aberto à visitação e não tinha finalidades terapêuticas, mas o objetivo de promover a convivência entre pacientes e artistas por meio de exercícios livres de criação, como pintar, escrever e desenhar. Assim, o cotidiano do ateliê de Nelly Gutmacher também sofreu uma pequena alteração quando Stella do Patrocínio passou a frequentá-lo, mas, recusando-se a

---

[2] Os dados citados foram extraídos do livro *Reino dos bichos e dos animais é o meu nome*, Rio de Janeiro, Azougue, 2001, organizado por Viviane Mosé, e têm como base informações de seu prontuário (n. 00694) do Instituto Municipal de Assistência à Saúde Juliano Moreira.

escrever ou a desenhar, demonstrou apreciação pela palavra dita, clarividente, priorizando sua presença pela *fala*.

Desse impasse, Nelly Gutmacher tentou outras vias de aproximação com Stella, sobretudo por meio de conversas, no formato de entrevista, que tinham o objetivo de levantar novos dados sobre sua vida, família, trajetória e formação, para além das informações que constavam em seu prontuário. Gutmacher buscava entender, principalmente, o motivo que culminara em sua internação, já tão longínqua. Presenciando essas conversas, e impactada pelo vasto material de fala que Stella colocava em resposta, a artista plástica Carla Guagliardi, então estagiária de Gutmacher, toma a iniciativa de não só participar desses eventos como se põe a registrá-los com um gravador de voz, por meio de fita cassete. As gravações eram realizadas em períodos espaçados e não foram detidamente datadas. Contudo, consta que ocorreram entre 1986 e 1988, com o consentimento de Stella e da direção do Núcleo Teixeira Brandão. Hoje, sob os cuidados de Guagliardi, esse material se encontra digitalizado e é composto de quatro áudios em formato .mp3, que totalizam cerca de uma hora e meia de duração. Refiro-me a esse material por um único nome, incorporando a nomeação cunhada por Stella do Patrocínio durante as sessões: *Falatório*.

Em 1989, como atividade de encerramento do período de atividade no ateliê do Projeto de Livre Criação Artística — depois de dois anos e meio de convivência e trabalho no Núcleo Teixeira Brandão —, Nelly Gutmacher convidou Carla Guagliardi e Marcio Rolo para integrar a equipe de organização e montagem de uma exposição que reuniria os trabalhos realizados pelas internas. Posteriormente, consta que a equipe recebeu a participação voluntária de Brigitte Holck, Clara Sandroni e Carlos Sandroni. A exposição, nomeada como *Ar do Subterrâneo*, em referência a Antonin Artaud, ficou em cartaz no Paço Imperial, no Rio de Janeiro, como resultado da curadoria das obras plásticas ali produzidas, dispostas em quadros e coladas nas paredes do espaço expositivo. Também havia recortes de transcrições das falas de Stella do Patrocínio.

Em 1990, a estudante de psicologia Mônica Ribeiro de Souza recebeu um convite de Denise Correa para um estágio voluntário e supervisionado no Núcleo Teixeira Brandão. Entre as tarefas das quais se imbuiu — e recortes de fala oriundos de *Ar do Subterrâneo* —, dedicou-se a dar continuidade à gravação das falas de Stella do Patrocínio e transcrevê-las, organizando e compondo um pequeno livro artesanal, datilografado. Os registros de áudio feitos por Mônica Ribeiro de Souza em outras fitas cassete se perderam, mas o livro que abarca suas transcrições e o resultado de sua convivência com Stella ainda podem ser consultados no Museu Bispo do Rosário. Chama-se *Versos, reversos, pensamentos e algo mais...*, de 1991.

No final da década de 1990, a poeta e filósofa Viviane Mosé recebeu um convite do então Museu Nise da Silveira — atual Museu Bispo do Rosário — para fazer um trabalho voluntário no Instituto Municipal de Assistência à Saúde Juliano Moreira, que confluía com sua pesquisa e tese de doutorado entregue ao Instituto de Filosofia e Ciências Sociais (IFCS) da Universidade Federal do Rio de Janeiro (UFRJ). Duas tarefas lhe foram propostas: a de coordenar a organização das produções textuais dos pacientes, com o objetivo de reuni-las em uma publicação impressa, e a de realizar oficinas literárias com pacientes do instituto. Em meio a esse processo de leitura e apreciação do material recolhido, Mosé, que ouvira a palavra de Stella pela primeira vez num show da banda carioca Boato, do artista plástico Cabelo, teve, enfim, e por intermédio dele, acesso às gravações em áudio feitas por Carla Guagliardi.

De posse dos registros, Mosé empenhou-se na escuta contínua dos áudios e iniciou um processo de transposição[3] dessas falas em

---

[3] Stella do Patrocínio, *Reino dos bichos e dos animais é o meu nome*, Rio de Janeiro, Azougue, 2001, p. 26.

uma encarnação encarnada em mim

áudio para falas em texto, no intuito de transformá-las em poemas. Ao final do processo e de posse do material textual, ocorreu-lhe a ideia de organizar um livro — ao qual sua dedicação está atrelada não só à escuta, mas à decupagem, transposição, organização e apresentação —, publicado sob o título *Reino dos bichos e dos animais é o meu nome*, em 2001, pela Azougue Editorial. O livro, lançado sob o gênero poesia, foi finalista do Prêmio Jabuti em 2002, mas na categoria Educação e Psicologia, e teve uma segunda edição em 2009. Em virtude de quê ainda não se sabe, é lamentável que esse livro permaneça fora de circulação. Entretanto, recente e felizmente, sua primeira edição encontra-se disponível no site da EAV para leitura, download e impressão.

Inúmeras obras foram criadas em resposta ao livro *Reino dos bichos e dos animais é o meu nome* e às falas de Stella registradas nas fitas cassete de Carla Guagliardi. Aqui reúno algumas, de inspiração direta ou indireta: o monólogo *Stella do Patrocínio, óculos, vestido azul, sapato preto, bolsa branca e... doida?* interpretado e dirigido pela atriz Clarisse Baptista, com assistência de direção de Nena Mubárac, de 2001;[4] o espetáculo *Entrevista com Stela do Patrocínio*,[5] com Georgette Fadel, Juliana Amaral e Lincoln Antonio ao piano, dirigido por Georgette Fadel e Lincoln Antonio, que deu origem a um disco homônimo[6] em 2007 e esteve em cartaz entre 2004 e 2017; a peça *Palavra de Stela*, interpretada por Cleide Queiroz, com direção de Elias Andreato, em 2017;[7] o poema "Agonia e sorte de Stella do Patrocínio", de Edimilson de Almeida Pereira, de 2002;[8] o curta-metragem

---

[4]   Clarisse Baptista, *Stella do Patrocínio, óculos, vestido azul, sapato preto, bolsa branca e... doida?*, 2001.
[5]   Informações, fotos, vídeos e músicas do espetáculo estão reunidos no memorial *Entrevista com Stela*. Disponível em: <www.entrevistacomstela.wordpress.com/>.
[6]   Georgette Fadel e Lincoln Antonio, *Entrevista com Stella do Patrocínio*, Selo Cooperativa — Cooperativa de Música, 2007.
[7]   Elias Andreato, *Palavra de Stela*, interpretação de Cleide Queiroz, 2017.
[8]   Edimilson de Almeida Pereira, *Poesia + (antologia 1985-2019)*, São Paulo, Editora 34, 2019, p. 105.

Procurando Falatório, de Luciana Tanure, de 2003;[9] a música "Stella do Patrocínio", de Ney Mesquita e Lincoln Antonio, que integra o disco *Quintal*, também de 2003;[10] o documentário *Stela do Patrocínio: a mulher que falava coisas,* de Marcio de Andrade, de 2006;[11] as músicas "Gás puro" e "Falatório", de Ana Deus e Nicolas Tricot, presentes no disco *Bruta*, lançado em Portugal em 2015;[12] a peça *Vaga carne*, da atriz, dramaturga e diretora Grace Passô, de 2016,[13] subsequentemente publicada em livro pela editora Javali, em 2018;[14] o espetáculo *Doida*, de Teuda Bara, de 2016;[15] o experimento cênico sonoro *Stelas Pretas: claridade e luz*, de 2020, com as atrizes Mawusi Tulani e Nilcéia Vicente, e roteiro e orientação cênica de Georgette Fadel e direção musical de Lincoln Antonio;[16] a videoperformance *Muito bem patrocinada — falatórios de Stela do Patrocínio*, de Natasha Felix e Bianca Chioma, realizada em 2020.[17] Ainda do disco citado anteriormente — *Entrevista com Stella do Patrocínio —*, de músicas compostas por Lincoln Antonio e interpretadas Georgette Fadel, destaca-se a música "Medrosa", regravada por Maurício Pereira no disco *Pra onde é que eu tava indo* (2014),[18] e regravada por Linn da

---

[9] Luciana Tanure, *Procurando falatório*, Festival Brasileiro de Cinema Universitário, 2011, 12 min 59 s. Disponível em: <www.vimeo.com/23184380>.

[10] Ney Mesquita e Lincoln Antonio, "Stella do Patrocínio", *Quintal*, Pôr do Som Produções Artísticas, 2003, faixa 13, 3 min 37 s.

[11] Marcio de Andrade, *Stela do Patrocínio: a mulher que falava coisas*, 2006, 16 min 16 s.

[12] Ana Deus e Nicolas Tricot, "Gás puro" e "Falatório", *Bruta*, Not One Label, 2015, faixas 3 e 7, 3 min 8 s e 3 min 5 s.

[13] Grace Passô, *Vaga carne*, concepção, atuação e dramaturgia de Grace Passô, 2016.

[14] *Idem, Vaga carne*, Belo Horizonte, Editora Javali, 2018.

[15] Teuda Bara, *Doida*, 2016.

[16] Georgette Fadel, *Stelas Pretas: claridade e luz*, 2020.

[17] Natasha Felix e Bianca Chioma, *Muito bem patrocinada — falatórios de Stela do Patrocínio*, direção de Aline Gerber, 2020, 5 min 37 s.

[18] Maurício Pereira, "Medrosa", *Pra onde é que eu tava indo*, Maurício Pereira [dist. Tratore], 2014, faixa 7, 4 min 30 s.

Quebrada sob o título "medrosa — ode à Stella do Patrocínio", no álbum *Trava línguas* (2021).[19]

Afora as dissertações de mestrado e teses de doutorado que, ano a ano, cada vez mais e felizmente estão sendo publicadas a seu respeito, também há incontáveis saraus, performances, debates, poemas, leituras públicas, cursos e homenagens. Percebe-se que foram inúmeras — e primordialmente — mulheres que correram em resposta a Stella do Patrocínio. Sou mais uma delas, e invoco outras tantas que sei que ainda vão se encontrar, de maneira irreversível, com seu *Falatório*. Minha pesquisa e meu interesse em torno de Stella tiveram início em 2012, quando comprei o livro *Reino dos bichos e dos animais é o meu nome*. Contudo, embora reconheça e agradeça que esse livro tenha vindo à luz por Viviane Mosé — afinal, sem ele não saberíamos Stella —, este ensaio não se baseia nesse registro escrito, mas integralmente nos áudios gravados por Carla Guagliardi, pois pretende ser um trabalho criado em resposta à voz viva de Stella do Patrocínio.

acusmática mediada por livro

A voz de Stella do Patrocínio chegou aos meus ouvidos pela primeira vez em uma tarde impassível de começo de primavera, cuja data precisa não consigo apontar no calendário, mas que, com base em provas íntimas, localizo entre o final de setembro e meados de outubro de 2012. Eu estava em casa, era a nova moradora de um apartamento no prédio de número 1663 — que passara a dividir com um amigo na rua Cardeal Arcoverde, no bairro de Pinheiros, em São Paulo —, sozinha e aflita, lavando a louça do almoço que acabara de comer.

---

[19] Linn da Quebrada, "medrosa — ode à Stella do Patrocínio", *Trava línguas*, Linn da Quebrada, 2021, faixa 5, 2 min 13 s.

O interfone tocou, encomenda para mim. Livros — a ressonância ao pé do ouvido desse substantivo masculino plural tão discreto e vasto, que vigora o pensamento e ultima reconciliações provisórias com um tipo específico de índole, me fez saltar. Abri a porta do apartamento 33, secando as mãos no bolso da calça do pijama, em direção ao elevador, e pressionei o dedo com urgência de saudar o carteiro, profissão pela qual guardo muita estima, e submergi, atabalhoada, no hall. Três livros.

Na semana anterior, em meio às pesquisas que fazia para escrever um projeto de pós-graduação na tentativa de começar uma pesquisa no departamento de antropologia social de uma universidade pública, entrei no site da Azougue Editorial em busca de referências e informações. Minutos antes, havia passado por uma livraria on-line de onde saí com um exemplar de *Diário do hospício & O cemitério dos vivos*, de Lima Barreto, e um de *Manicômios, prisões e conventos*, de Erving Goffman. Minha ideia de projeto, em antropologia, perseguia uma pesquisa sobre a origem do pão, as narrativas de origem do alimento ao longo dos séculos. Vinha de outro livro que comprara no ano anterior: *Seis mil anos de pão: a civilização humana através de seu principal alimento*, do historiador alemão Heinrich Eduard Jacob.

Nem sequer ouvira qualquer menção ao nome de Stella do Patrocínio até uma semana antes daquela tarde impassível de começo de primavera. Mas enquanto percorria o site da Azougue Editorial avistei um livro pequeno, arroxeado, com uma foto que enquadrava a metade do rosto de uma mulher negra com a boca semiaberta, cujo título era: *Reino dos bichos e dos animais é o meu nome*. O nome. O nome da autora também enunciava uma beleza antiga, remontava à cartografia de formação de meus afetos literários, remetendo-me a Policarpo Quaresma e Ricardo Coração dos Outros: Stella do Patrocínio, Stella do Patrocínio, repeti em voz alta.

uma encarnação encarnada em mim

Não seria necessário ler a descrição do livro; o título me leva-va a crer que vivia um instante extranatural, de mover-me para diante de mim mesma sem ser circunstanciada por um reflexo, mas de estar enfim diante de mim mesma pela revelação do outro na confluência do choque físico e da subjetividade que eu perse-guia, em poucas palavras — reino dos bichos e dos animais é o meu nome, reino dos bichos e dos animais eu gostaria que fosse o meu nome, reino dos bichos e dos animais poderia ser o nome de qualquer pessoa. Fiz a encomenda.

Aportada pelo elevador no terceiro andar, caminhei para den-tro do apartamento ainda terminando de secar as mãos — o calor e a umidade da primavera no Brasil provocam conflitos estranhos de sensação térmica — e tentando equilibrar o pacote no antebra-ço para adiar o momento de abri-lo com a ânsia de um faminto prestes a morder um pedaço de pão. Rasguei o envelope e saquei o livro, como se tentasse prever violência maior. Sem cálculo, a esmo, abri em determinada página e li:

> Ainda era Rio de Janeiro, Botafogo
> Eu me confundi comendo pão
> Eu perdi o óculos
> Ele ficou com o óculos
> Passou a língua no óculos pra tratar o óculos
> com a língua
> Ela na vigilância do pão sem poder ter o pão
> Essa troca de sabedoria de ideia de esperteza
> Dia tarde noite janeiro fevereiro dezembro
> Fico pastando no pasto à vontade
> Um homem chamado cavalo é o meu nome
> O bom pastor dá a vida pelas ovelhas[20]

---

[20] Stella do Patrocínio, *Reino dos bichos e dos animais é o meu nome*, *op. cit.*, p. 50.

Achei melhor me sentar. Marcando a página com os dedos, aquele gesto automático de espremer uma página entre o polegar, o indicador e o médio para voltar a ela no minuto seguinte, demarcando o contato, me sentei no chão, abri o livro novamente e reli: "Eu me confundi comendo pão." Tantas as vezes em que me confundi comendo pão. E me encontrei na divisa em que o próprio pensamento sobre o ato de comer um pão se encontra com outro pensamento de origem diversa, uma preocupação, uma lembrança. Então me esqueço daquela ação presente de estar comendo pão e me perco numa ação futura, o que torna o sabor desse pão imemorável ou, pela falta de apreciação, ainda mais saboroso.

Sempre tive a clareza de que, por mais que sentisse o desejo de me dedicar a um projeto para tentar uma vaga num programa de pós-graduação em antropologia social, eu não levaria aquela empreitada até o fim. Não me sentia apta, pronta; era curiosidade de uma espécie de leitora, não de pesquisadora. A história do pão era apenas um interesse em meio a uma extensa lista de interesses, e eu não me via direcionada a desmembrar em pensamento uma narrativa que ultrapassava o tempo presente, que dizia respeito um pouco a todo mundo e que me soava ao mesmo tempo magnífica e banal.

Restou-me guardar esse desejo cancelado para sempre, concluído como impraticável, dentro de um poema, para registrá-lo quando vivo, com a superficialidade a que propositalmente me propus à época. Então anotei: *o pão tem seis mil anos/ mas o mar tem mais/ você só tem a brisa*. E por meses e meses andei com essa anotação secando em meio a outros pensamentos. Desejava então transformar a brisa de meu estado natal, o Rio de Janeiro — aquela brisa a que tive pouco acesso nos 22 anos que vivi por lá, que me parecia exclusiva aos turistas, aos moradores da Zona Sul da cidade, e que atravessava a Linha Vermelha e chegava ao meu subúrbio, São João de Meriti, com cheiro de esgoto e pólvora —; eu queria transformar aquela brisa em revisão crítica do passado.

Entre 2010 e 2012, quando chegava com um milímetro de energia do emprego a que dediquei bons anos de minha vida, como funcionária do Grupo Abril, me sentava ao computador para escrever e reescrever um livro de poemas que desde o início do processo chamei de *Rua da Padaria*, no qual me desafiei a cantar tão precocemente a minha infância, e que sucedia outros três títulos de poesia: *a fila sem fim dos demônios descontentes* (7Letras, 2006), *balés* (Língua Geral, 2009) e *rapapés & apupos* (7Letras, 2012), uma coletânea de poemas que haviam ficado de fora do meu primeiro livro; à época eu ainda não sabia, mas ele antecederia mais um título — *Ladainha* (Record, 2017) —, livro lançado juntamente com as gravações em áudio que fiz de meus próprios poemas, cuja epígrafe é de Stella do Patrocínio e no qual ponho em jogo parte considerável de minhas pesquisas sobre as poéticas da voz.

Rua da Padaria teve dezoito versões e cheguei a desistir de publicá-lo inúmeras vezes, mas trabalhava aqueles poemas continuamente, à exaustão: seja na composição, seja nas dezenas de apresentações que fiz em saraus, nas leituras em eventos de literatura; cheguei a transformá-lo em objetos, em quadros, em baralho, em e-mails para amigos distantes. Faltava ainda terminar de reunir algumas anotações e compor poemas que pretendia incorporar na terceira e última parte do livro. Entre tantos cadernos, considerava ainda a história do pão, sentia a necessidade de voltar aos versos — *o pão tem seis mil anos/ mas o mar tem mais/ você só tem a brisa* — para encerrar o capítulo do mestrado em antropologia, para terminar o livro e acertar contas imaginárias com o estado em que nasci, com as cidades em que nasci e cresci. Queria cantar a infância para reverenciá-la, ao passo que tentava me redescobrir em outra cidade, sozinha, distante da família, dentro da vida adulta aos 21 anos, em São Paulo, para onde me mudara, em definitivo, em 2007:

escorrego de chão

você não tem nada
mas tem a brisa

a brisa faaaz
carinho

tem futuro
pra ninguém
mas tem a brisa

e a brisa faaaz
carinho

o pão tem 6 mil
anos mas o mar
tem mais

você só tem
a brisa

em comum você
e o mar só têm
a brisa.

Rua da Padaria foi enfim publicado em 2013, pela editora Record, teve boa recepção e circulação e me levou, naquele mesmo ano, a Paraty, como convidada da décima edição da Festa Literária Internacional de Paraty (Flip), para dividir a mesa "O dia a dia debaixo d'água" com Ana Martins Marques e Alice Sant'Anna. Foi esse livro que também me propiciou conhecer quinze estados brasileiros, por meio de lançamentos e eventos literários. Enfim, também me levou à Suécia, para a Göteborg Book Fair, em 2014, com uma delegação de escritores escolhidos para representar o Brasil, para falar novamente sobre poesia com Ana Martins Marques e Alice Sant'Anna, também com Paulo Henriques Britto e Maria Esther Maciel. O livro está em sua segunda edição, mais de 6 mil exemplares vendidos até os dias atuais, e o poema "escorrego de chão" virou uma música chamada "você e a brisa", parceria minha com Dimitri Rebello e Cristina Flores e trilha do filme *Ponte aérea* (Globo Filmes, 2015).

Então, me esqueço novamente da ação presente de estar comendo pão e me perco numa ação futura, o que torna o sabor desse pão imemorável ou, pela falta de apreciação, ainda mais saboroso. O justo acontecido ao ler uma das primeiras estâncias de fala de Stella, transpostas em verso dentro dos poemas constituídos por Viviane Mosé na página 50 do livro *Reino dos bichos e dos animais é o meu nome*, foi que não consegui dar continuidade à leitura — ao contrário e em consonância com a voz de Stella, comecei de imediato a enunciá-los também. E por meio dessa voz consegui, como em raras vezes anteriores, e sem nenhuma timidez, ouvir a minha própria voz, não mais odiar minha própria voz. A voz de Stella, *a priori* ausente, provocara, invocara a minha voz, em definitivo, por meio de um impulso que me fez repercutir sua voz, e ambas transformaram-se em presença.

Ao me sentir parte comungante dessa operação, ao ouvir Stella pela primeira vez a partir da transposição de Mosé tive a impressão de que a acusmática pitagórica realizada por Stella — isto é, seu *Falatório*, seu canto — infiltrara-se nos ouvidos de Nelly Gutmacher e Carla Guagliardi, retumbara nas gravações feitas por Guagliardi, resultara na voz textualizada presente no livro organizado por Mosé, fora capaz de ultrapassar de maneira peremptória a totalidade daquela instituição manicomial, continuando a extrapolar as páginas de um livro, e ainda hoje paira na frequência do espaço-tempo onde eu a recolhi e granjeei, intitulando-me também mais uma ouvinte e entoadora de seu canto, na tentativa de amplificar ainda mais o alcance de sua voz.

Dito que antes mesmo de saber da existência dos áudios do *Falatório* e de ouvi-los, propriamente, é importante registrar que a reverberação da voz de Stella se deu no meu próprio corpo, nas minhas cordas vocais, no trabalho que desenvolvo como poeta, e passei a entoá-la também em todos os espaços públicos a que sou convidada para ler poesia desde 2012. Sempre que vocalizo as falas de Stella encontro pessoas que também conseguem escutá-las por meio da minha voz, e desse modo ajudo a ampliar sua rede de ouvintes, que hoje felizmente já é bastante vasta. Assim, depois de cinco anos tentando achar um objeto que me deixasse em estado de completo encantamento, de farejá-lo por diversos ângulos e de levar a cabo um projeto de pesquisa de mestrado, Stella já habitava a minha voz — só me foi preciso abrir a boca na tentativa de ampliar o escopo de investigação de seu nome e de sua obra na comunidade acadêmica. Então operou-se o que passei a chamar de *reencontro-reenvio* da voz de Stella.

Em 2017, me inscrevi no exame de seleção no Departamento de Teoria Literária do Instituto de Estudos da Linguagem da Unicamp com o desejo de tentar compreender o exílio de Stella dentro de seu próprio canto, a experiência de *composição* a partir da voz. O projeto de pesquisa submetido ao processo seletivo intitulava-se *O fôlego na poesia de Stella do Patrocínio* e pretendia ter como objeto a análise dos poemas que compõem o livro *Reino dos bichos e dos animais é o meu nome* a partir das recorrentes representações de memória, voz, corpo, morte, matéria, o feminino, o delírio e a perplexidade diante de si, do humano e dos universos presentes na poética de Stella do Patrocínio. Também propunha inter-relacioná-los, sobretudo, com os conceitos de mitologia, poesia oral, voz, voz poética, voz e escrita, vocalidade, movência e performance em Paul Zumthor.

No primeiro semestre de 2018, já matriculada como discente na Pós-Graduação em Teoria e História Literária e, felizmente, sendo beneficiária de uma bolsa Capes, pude continuar a busca por um material que seria imprescindível para a composição de minha pesquisa: os áudios do *Falatório* de Stella que são de posse de Carla Guagliardi e que, durante minha pesquisa e o processo de edição deste livro, não estavam disponíveis em nenhuma plataforma da internet ou em qualquer arquivo público.[21] Minha busca começara no ano anterior, concomitantemente à decisão de inscrição no processo seletivo desse programa, mas só no dia 30 de maio de 2018 pude enfim receber os áudios de Carla Guagliardi, em formato digitalizado, e ouvir os registros da voz de Stella pela primeira vez.

Desde o dia 30 de maio de 2018, escuto, ouço, mapeio e decanto o *Falatório* de Stella do Patrocínio de maneira ininterrupta, e sei que minha escuta não terminará com a conclusão deste ensaio para essa voz que precisa ser escutada, cantada e ouvida por um número ainda maior de pessoas. Um recanto direcionado aos ouvintes de Stella, como um convite ao seu canto.

à primeira escuta

Como o rei de Calvino,[22] segui o canto de Stella de maneira involuntária, isto é, pelo ouvido, canal — sulco, vala, câmara, uma sala gigantesca e vazia — que também é sentido e, a um só tempo, faculdade de percepção e consciência das coisas. Em essência, o

---

[21] Em fevereiro de 2022, quando este livro já estava no prelo, os áudios do Acervo de Carla Guagliardi foram divulgados por Sara Martins Ramos no âmbito de sua dissertação de mestrado *Stella do Patrocínio: entre a letra e a negra garganta de carne*. Universidade Federal da Integração Latino-Americana, 2022.
[22] Italo Calvino, "Um rei à escuta", in: Italo Calvino, *Sob o sol-jaguar*, São Paulo, Companhia das Letras, 1995.

ouvido, rua de mão única, é um refém libertário dos outros órgãos sensórios: recebe a enunciação, faz seus encaminhamentos e, mesmo sem dispor de defesa alguma, ouve o que bem quer. Só o ouvido é capaz de abrir, porque nunca se fecha, uma clareira que ressoa em cada bosque do corpo. Peixe perplexo de passagem pela parte submersa — e vibrante — de um bambuzal.

Assim, depois da primeira leitura das transcrições feitas por Mosé das palavras que Stella disse e de não conseguir dar continuidade a ela em silêncio, compreendi em seguida com Jean-Michel Vivès tratar-se então da pulsão invocante, que passava a me reenviar seu chamamento sem que eu fosse obstaculizada por sua voz, mas ressoando-a, o significante da ausência na presença de que nos diz Lacan.

Embalada pela alucinação de sua acusmática, modelo de ensino no qual, segundo Jean-Luc Nancy, "o mestre permanece oculto ao discípulo que o escuta, é própria de um esoterismo pitagórico pré-filosófico",[23] não fui, ainda não sou e espero nunca ser capaz de racionalizar as falas de Stella. Ao contrário, consigo, de modos e tons variados, compreendê-las, deixar que se contenham em mim e que amplifiquem a mim e a minha voz, centro e margem do corpo, porque amplificam a própria natureza de Stella, isto é, seu sujeito, sua voz, logo, sua linguagem.

No início da pesquisa, uma das principais preocupações era a de descobrir se o que Stella falou poderia ser considerado poesia ou, ainda, se cada fala individualizada e descolada do contexto de enunciação, anteriormente gravada e posteriormente transcrita, decupada e publicada em livro, constituía um poema em si. Essas tentativas de classificação se mostraram, para mim, vagas, uma tarefa mortífera equiparada à magnitude do canto de Stella; foi algo a que me ative porque ainda estava submersa nos escritos,

---

[23] Jean-Luc Nancy, *À escuta*, Belo Horizonte, Edições Chão da Feira, 2014, p. 13.

e não nos ditos, tentando ouvir Stella a partir do papel e, assim, analisando-a puramente pela oralidade do que ouvia ao ler, guiada pela perspectiva de Zumthor. Posteriormente, de posse dos áudios, a pesquisa se afastou cada vez mais das categorias do signo e das teorias da linguagem, o poema não mais como o ponto fraco da discussão, como nos diz Henri Meschonnic, aproximando-se mais das categorias do discurso. Neste ensaio, que é também um pensamento-em-andamento, encontro as ideias de Adriana Cavarero e recupero Zumthor, ambos misturados a estudos de ritmo, mitologias e à psicanálise da voz.

Stella emerge do caos do inconsciente estando nele e faz, em seu canto, a tomada de consciência, isto é, a concepção se dá pelo pensamento e pela consequente livre expressão de seu inconsciente. A partir de uma ação lírica, reflexiva, profética, capta e expõe seu canto, seu saber instintivo, como tentativa de reencontrar a própria individualidade, e a consequência disso é a reconstituição dessa individualidade. Uma reivindicação ultimada, que tem como resultado o processo de individuação, conceito que, em Jung, está ligado à consciência da individualidade. Então, torna-se possível identificar, no canto de Stella, algo além do produto imediato de seu pensamento, de sua concepção, posto que também nos serve para dizer uma coisa, querendo dizer outra, como afirma Michel Collot:

> Estar fora de si é ter perdido o controle de seus movimentos interiores e, a partir daí, ser projetado em direção ao exterior. Esses dois sentidos da expressão me parecem constitutivos da emoção lírica: o transporte e a deportação do que porta o sujeito ao encontro do que transborda de si e para fora de si.[24]

Stella, como sujeito lírico, torna-se matéria de sua própria poesia. E, sendo invocativa, é provocada pelo real, é a voz que

---

[24] Michel Collot, "O sujeito lírico fora de si", *Terceira Margem*, 2004, p. 166.

invoca e é também o sujeito invocante. Ela se faz interlocutora e interlocução de seu *Falatório*, que se dirige também às interlocutoras presentes nos áudios, mas ocultas nas transcrições de Mosé. Ao operar essa espécie de recondução incessante de seu olhar e de sua voz, diante do outro, restitui seu corpo — do Estado, do manicômio, do descaso, da violência — e, assim, sua própria existência. Cabe ressaltar que, a despeito do livro póstumo publicado sob o nome Stella do Patrocínio, aqueles intitulados poemas de Stella não têm assinatura — *ganharam* uma assinatura, mas seu sujeito lírico, exacerbado, projeta-se de seu olhar, se autoriza antes de ser autorizado, o desdobramento do pensamento falado no ato do próprio pensamento, na composição por meio do ritmo e da voz.

Tento abandonar de antemão o antagonismo entre a *prática discursiva*, "a particularidade de tomar simultaneamente como material, assunto e campo de atividade, a língua e o imaginário", e o *discurso poético*, "o uso linguístico (...) como uma rede de práticas tendo por finalidade a comunicação e a representação, porém estruturadas de tal modo que necessariamente uma entre elas, metamimética, vise à linguagem como os outros visam ao mundo".[25] Isto é, Zumthor classifica o poético como a "relação com a percepção e a apreensão do tempo" ou "a prática poética se situa no prolongamento de um esforço primordial para emancipar a linguagem". O que punge, então, extrapola os conceitos de oralidade e poesia vocal. Ou seja, "a dicotomia entre oral e escrito, sendo o oral a base subjetiva do escrito",[26] perde sua centralidade e entra em curso a vocalidade.

Anteriormente à questão da oralidade, que muitas vezes apenas opõe o oral ao escrito, mas que em Meschonnic aparece como o movimento da voz na linguagem, no gesto, sobretudo no ritmo,

---

[25] Paul Zumthor, *Performance, recepção, leitura*, São Paulo, Cosac Naify, 2014, p. 19.
[26] *Ibidem*, p. 20.

reivindica-se a concepção da oralidade "não mais como a ausência da escrita e única passagem da boca à orelha (...) que permanece no dualismo (...), mas como uma organização do discurso regida pelo ritmo".[27] Meschonnic ressalta ainda que a escrita passa a ser a explosão dessa oralidade, manifestando-se no gestual, no corpóreo e, por fim, na subjetividade, isto é, "com os recursos do falado no falado". Entende-se, então, que "o ritmo como organização do discurso pode renovar a concepção dessa oralidade, tirando-a do esquema dualista", pois a oposição oralidade/escrita "confunde o oral com o falado", e que passar dessa dualidade para "uma partição tripla entre o escrito, o falado e o oral permite reconhecer o oral como um primado do ritmo e da prosódia, com sua semântica própria, organização subjetiva e cultural de um discurso".[28]

Então, parto do primado do ritmo "como movimento da fala na escritura, e no contínuo dos ritmos linguísticos, retóricos, poéticos",[29] fazendo a oposição (e complementação) do som e do sentido em Stella para chegar a uma questão que aqui me parece de maior importância que a oralidade: sua poética. A partir dos áudios, o que primeiro salta do canto de Stella, e que estrutura todo o seu discurso, é o silêncio, antes mesmo das pausas; em seguida, o ritmo de sua respiração, isto é, de seu corpo, modula, em consequência, sua entonação e pontua a fala, e não o contrário; é na entonação do falado que encontro sua oralidade primeira, isto é, sua poética, mas também a retórica de sua oralidade. Identifico nesse contracanto o ponto em que Stella atinge sua extrema subjetividade e para o qual também dirige seu discurso, que é mais fala que oralidade, e o que se torna evidente é o incomunicado de sua performance, visto que Stella passara a pedir para ser gravada em

---

[27] Henri Meschonnic, *Linguagem, ritmo e vida*, Belo Horizonte, FALE/UFMG, 2006, p. 18.
[28] *Ibidem*, p. 8.
[29] *Ibidem*, p. 17.

áudio. A performance como "modo vivo de comunicação poética"; segundo Paul Zumthor, insere-se *a posteriori* no "improvável da forma", que se refere "menos a uma completude do que a um desejo de realização":

> Em que medida pode-se aplicar a noção de performance à percepção plena de um texto literário, mesmo se essa percepção permanece puramente visual e muda, como é geralmente a leitura em nossa prática há dois ou três séculos?[30]

Zumthor buscou estabelecer em sua produção teórica uma relação entre voz, corpo e presença na qual essa atuação conjunta expande as noções do que conhecemos como texto literário, documentos que *a priori* estão inseridos na comunicação e na cultura de uma sociedade grafocêntrica, isto é, centrada na escrita, para expor que esses textos se tecem no íntimo das relações humanas, pela voz, pela enunciação. Trata-se de uma etapa anterior à oralidade, o que, muitas vezes, é o que resta de determinadas produções: a vocalidade, a voz que emana e constitui o corpo vivo para ressoar também não só nesse corpo vivo, mas no espaço e, consequentemente, em outros corpos.

Collot, ao falar sobre a "intercorporeidade que fundamenta a intersubjetividade que se desdobra na palavra" e reiterar Merleau-Ponty, dialoga também com o conceito de "verbo-motor", de Zumthor, na perspectiva da performance, no qual a expressão de uma espontaneidade fortemente impressa por meio da voz, da gesticulação, isto é, da presença de um corpo que se apresenta pela ação que desencadeia, estabelece direta ligação entre o gesto e a palavra, a "palavra como gesto do corpo", de Merleau-Ponty:

---

[30] Paul Zumthor, *Performance, recepção, leitura, op. cit.*, p. 36.

uma encarnação encarnada em mim

É pelo corpo que o sujeito se comunica com a carne do mundo, abraçando-a e sendo por ela abraçado. Ele abre um horizonte que o engloba e o ultrapassa. Ele é, simultaneamente, vidente e visível, sujeito de sua visão e sujeito à visão do outro, corpo próprio e, entretanto, impróprio, participando de uma complexa intercorporeidade que fundamenta a intersubjetividade que se desdobra na palavra que é, para Merleau-Ponty, ela mesma, um gesto do corpo.[31]

Ao observar os gestos de intercorporeidade e intersubjetividade que Stella faz consigo mesma, seja cosmogonizando-se, seja encruzilhando-se, ou por meio de ambos os procedimentos, de certo modo me vi tentando realizar esses gestos de intercorporeidade e de intersubjetividade com Stella: primeiro pela escuta intermitente, tentativas de fruição, possível mapeamento; também por vocalizar seus poemas em apresentações e leituras ligadas ao meu trabalho como poeta, isto é, "reenviando seu chamamento", segundo diz Vivès, "respondendo à sua demanda", oferecendo minha voz ao chamamento de sua voz e realizando, assim, a operação de receber seu sujeito para misturá-lo ao meu sujeito invocante. Percebi, dessa maneira, que esse "sujeito entra então numa dinâmica de invocação. Invocação que implica, simultaneamente, o reconhecimento do outro e sua falta, que esta ausência na presença seja significável",[32] e que ele se desdobra, mais uma vez, na palavra, numa terceira fala, *quinhentos milhões e quinhentos mil* palavras e vozes, meus gestos de corpo e o modo que encontrei de escutar o que Stella falou, passando a ser também seu sujeito invocante.

---

[31] Michael Collot, "O sujeito lírico fora de si", *op. cit.*, p. 167.
[32] Jean-Michel Vivès, "A pulsão invocante e os destinos da voz", *Psicanálise & Barroco em Revista*, v. 7, n. 1, 2009, pp. 186-187.

1

UMA ENCARNAÇÃO ENCARNADA EM MIM[1]

cosmogonias encruzilhadas em stella do patrocínio

---

[1] Stella do Patrocínio, Acervo de Carla Guagliardi (ACG) [01 Peço, em acesso...], 26'00".

Baixa/ Cristo ou Oxalá
Baixa/ santo ou orixá
Rocha/ chuva, laser, gás
Brecha/ faça-se abrir

"Extra", Gilberto Gil[2]

STELLA DO PATROCÍNIO, a voz que ressoa dos quatro registros em áudio, quando circunscrita à geografia e vista de cima, é uma mulher negra sentada em uma cadeira, atrás de uma mesa localizada em um galpão de uma instituição manicomial em Jacarepaguá, bairro da Zona Oeste carioca, no final da década de 1980, reclinada sobre um gravador de voz. Ela está falando. Falando e conversando. É *ouviscutada*, instigada e gravada por outras mulheres que, revezadas entre ocasiões, estão do outro lado dessa mesma mesa, sentadas em cadeiras semelhantes, porque desejam sua voz e desejam apreendê-la para memorar a voz emanada do corpo dessa mulher e registrá-la no futuro. Esse futuro que agora tomo como o momento presente, e cá estou eu, no terceiro trimestre do ano da desgraça de 2020, uma mulher branca sentada em uma cadeira, em um pequeno cômodo de um apartamento de tamanho médio no bairro da Barra Funda, na cidade de São Paulo, trinta anos depois, reclinada sobre um computador e depen-

---

[2] Gilberto Gil, "Extra", *Extra*, Warner Music Brasil, 1983, faixa 1, 5 min 54 s.

durada no fone de ouvido, desejando a voz de Stella, desejando ouvi-la por entre as tensões vibratórias e pontes que o som registrado estabelece no espaço-tempo, e percorro essas ondas com igual apreensão, tentando tocá-la. Daqui, aderida, suspendo-me e torno a calcar o chão-parado da Barra Funda, e escrevo sobre ela na encruza das ciências com as crenças, para antes de tudo saudar essa voz, também para tentar amplificá-la, desejando que seja ouvida, ressoada e cada vez mais estudada e recantada por tantas outras mulheres, ouvintes, devotadas que já se tornaram veículo e partícula de sua voz. Este ensaio é a recriação contínua de um desejo, uma dedicatória a esta que um dia será ouvida como a mais dadivosa profeta brasileira da passagem do século XX para o século XXI.

Mas, ao tentar circunstanciá-la, Stella do Patrocínio é uma mulher negra, pobre, de biografia em grande parte desconhecida, ascendente e descendente do cárcere racial (enclausuramento e desvio do ser)[3] programado e executado ininterruptamente pela colonialidade — ao qual são sujeitadas a vida, a cultura e a memória de indivíduos oriundos da população afrodiaspórica no Brasil ao longo das últimas centenas de anos — que, não por acaso, e resultando da combinatória da escravização com a miséria, a violência e a desigualdade social, encontra no encarceramento e na manicomialização o seu deságue. Assim, peremptoriamente condenada sua saúde mental, e tendo experienciado os mais diversos tipos de violência física e moral, fora deixada à própria sorte na Colônia Juliano Moreira, trinta anos antes das ocasiões de gravação desses quatro registros, mas, graças aos encontros que teve com essas mulheres, e a partir desses registros de áudio executados por elas, tornou a ganhar uma existência: (...) *Eu não existia/*

---

[3] Cf. Luiz Rufino, *Pedagogia das encruzilhadas*, Rio de Janeiro, Mórula, 2019, p. 11.

não tinha uma existência/ não tinha uma matéria (...).[4] O corpo negro e a voz viva de Stella do Patrocínio ganharam existência a partir desses registros dos momentos em que vibrou na atmosfera daquele galpão no Núcleo Teixeira Brandão, e passaram a ser a voz guia que relata sua própria vida e que pode, por representação e espelho, diagramar a vida de outras tantas mulheres brasileiras. Stella, ao falar, relata-se e tenta retraçar sua biografia por meio de situações flagrantes, como se reencenasse seu próprio nascimento. Fala sobre si e sobre o ato de falar com aquelas mulheres que se sentaram à sua frente em posição de escuta, ora perguntando, ora provocando, desejando que ela se contasse, se expandisse e, assim, se ouvisse, para pôr sua própria existência em movimento, isto é, em diálogo com as vozes e as escutas do mundo.

Partindo da ação e do sentimento antirracista da escuta, o motor do meu desejo e do meu pensamento pretende avistar e entoar Stella do Patrocínio como *a porta-voz de sua voz*, não só como sujeito arbitrarizado, mas como sujeito que tenta retomar seu arbítrio e seu corpo por meio da voz, da palavra oriunda da vibração de uma garganta de carne.[5] Desse modo, como tentativa de resgate e desvio — e do resgate do desvio como afirmação luminosa das alturas e baixios do ser —, e para dar prosseguimento ao intento sugestivo de Stella, em gênese sugestionado por suas interlocutoras, de pôr-se em liberdade subjetiva por meio da fala, passo aqui a paralelizá-la — Stella sujeito e objeto de sua fala — e a encená-la a partir do único modo que me parece viável: pelo que *foi dito* e pela maneira *como foi dito*, isto é, pela enunciação e pela carga de sentimento poético presente em seu *Falatório* e nos contextos provocados e invocados por ele, inserindo-a em diversas cosmogonias e mitologias, cartografada na figura histórica e de natureza divina da profeta e da poeta.

---

[4] Stella do Patrocínio, ACG [02 só presto...], 10'25".
[5] Italo Calvino, "Um rei à escuta", *op. cit.*, p. 79.

Nunca pela loucura, jamais pelo delírio, de modo algum zanzando pelas narrativas grafocêntricas de confinamento na contra-ação de deparar explicação e balizar razões. Pois isso derivaria em contrariedade a tudo que Stella falou; não me debruço na produção escrita oriunda de seu *Falatório*, isto é, no livro *Reino dos bichos e dos animais é o meu nome* — o que busco é enveredar na emergência dessa voz como evento que se inscreveu no espaço e, reverberando no curso das últimas décadas, vem se inscrevendo na história da poesia brasileira como um exemplo ainda sem par. Escutar Stella é fazer um pacto com um canto de saber ancestral de pouco mais de uma hora e meia de duração, pertencente a si mesmo e à sua voz, que, ultimo, deveria ser confiada a quem se interessar por ela e desejar recontá-la. Parto da oralidade com destino à oralidade; justo por isso, nesse percurso vindo do que Stella originou e fundou a partir de imagens mentais lançadas pela voz, passo a *originar*, iniciada por ela e dialogando com ela a partir da escuta.

Em consequência dessa manobra desbravadora de compreensão, visando a desenlapar algumas das debulhas e cismas abertas pelo *Reino dos bichos e dos animais...* originado por Stella, escolho como procedimento precípuo rearranjar, ao longo de todo este capítulo, o cenário em que transcorreram essas gravações — ora na Antiguidade canônica, ora na mitologia iorubá, ora entre os povos da Amazônia e em outros contextos histórico-culturais num lastro de tempo de aproximadamente um milênio e na extensão geográfica de dezenas de milhares de quilômetros e dois oceanos — para encenar essa Stella profeta e poeta não por meio da ficção, mas das releituras que buscam escutá-la e discerni-la pela imaginação histórica. Assim, nesse primeiro cenário, preservo as cadeiras, a mesa, e trago a máquina de escrever em lugar do gravador de voz, e estamos na sala de depoimentos de uma delegacia de polícia.

Stella do Patrocínio, a depoente, consente e empenha-se em dar um longo depoimento sobre sua vida — relatando eventos e ressaltando detalhes que ensejam a lista inumerável dos abusos que sofreu e que não foram criminalizados nem julgados — a três investigadoras que a estão interrogando, provocando, do outro lado da mesa, para juntas reconstituírem os crimes já prescritos de que Stella fora vítima recorrente. Stella tateia a memória, alega e denuncia para fazer um retrato falado de sua vida e colar os fragmentos de sua trajetória, do que restou e ainda é possível dizer, para continuar viva.

Mas, na contramão do que se imagina, o que Stella, a vítima, tenta compreender ao passo que narra e se revela a essas três investigadoras é o modo como passou de vítima a ré, e de ré a detenta de um hospício por três décadas. A condenação é vaga: problemas de saúde mental; sem defesa, direito à apelação judicial ou testemunhas. Está registrado nas atas de seu depoimento que esteve (...) *sofrendo da cabeça como doente mental/ e no presídio de mulheres/ cumprindo prisão perpétua/ correndo processo/ sendo processada* (...).[6] A grande parte desse depoimento foi organizada, formatada e publicada no futuro sob o título *Reino dos bichos e dos animais é o meu nome*, por uma quarta mulher, ainda oculta, uma escrivã que lhe concede fé pública, sentada numa cadeira em outro bairro, uma década depois das gravações, debruçada à máquina de escrever sobre uma mesa de escritório, escrevendo e subscrevendo os atos e autos do *Falatório*.

Num episódio onírico de reconhecimento de suspeitos na sala de vidro dupla-face de uma delegacia, para tentar identificar os criminosos dos retratos falados por Stella, ainda que não nomeados no depoimento, estou ali para servir de testemunha e preservar a vítima de mais um engulho temeroso, mas acordo e imagino

---

6   Stella do Patrocínio, ACG [01 Peço, em acesso...], 10'03".

uma encarnação encarnada em mim

um segundo cenário. Neste, ainda é possível preservar a cadeira, a mesa, e retomar o gravador de voz, mas intentar a substituição desses objetos por outros semelhantes da seguinte maneira: a cadeira de Stella é uma poltrona; a mesa torna-se agora a distância entre a poltrona de Stella — uma mesa, diferentemente de uma estante, um móvel que *está* e abriga coisas conforme um altar, é uma distância horizontal no espaço em volta da qual as pessoas se reúnem; assim, por sua essência de generosidade e ligação, a mesa aqui continua presente, mas na esfera do invisível — e a poltrona ocupada por aquelas três mulheres, que se revezam em momentos distintos para ocupar sozinhas, uma a cada vez, esse lugar; o gravador de voz é ao mesmo tempo o ouvido dessas mulheres, que escutam sua fala, e um caderno, onde tomam notas, que se organiza como um memorial-histórico dos relatos de Stella.

Estamos num consultório de psicanálise e Stella, a paciente, está aqui para recontar eventos e detalhes de sua vida, situações manifestas que desencadeiam medos e impasses; aprofunda-se, semana a semana, na investigação de seus traumas de origem, indigna-se com a subalternidade imposta, revolta-se, quer reverter o curso de sua vida — (...) *Não sou professora mas tive o trabalho de estudar letra por letra frase por frase folha por folha* (...)[7] — e quer entender ou explicar o que é e de que se faz a matéria, o sujeito, Stella do Patrocínio. As três psicanalistas, por meio da escuta de sua trajetória e do modo como expõe sua memória individual, analisam a fala do sujeito Stella com atenção dedicada aos meandros de suas dores e de suas iluminações. Juntas, num empreendimento de caráter restaurador, as quatro mulheres reelaboram, com base na ciência e no escrutínio das particularidades de outros casos e estágios psíquicos, em via de mão dupla, suas vidas, seus traumas e suas memórias, e criam memória coletiva e compartilhada por meio da fala.

---

[7] *Idem*, ACG [03 Stella... tem mais de 12 anos], 12'45".

No terceiro cenário estamos ao ar livre. Entardece numa pracinha de Botafogo, Rio de Janeiro, nas proximidades da rua Voluntários da Pátria. Ou talvez anoiteça num largo semiabandonado de um bairro periférico da Zona Norte carioca na década de 1980, tanto faz se Inhaúma, Tanque do Anil ou Jacarepaguá. Esse espaço é frequentado por velhos aposentados viciados em biriba, sueca e dominó; também por crianças numerosas acompanhadas de seus pais, mães, ou como quer que vivam a parentalidade; casais de adolescentes apaixonados; donas e donos de casa; moradores, trabalhadores, passantes. Stella do Patrocínio é uma mulher negra em situação de rua muito conhecida no bairro. Teve uma casa nas imediações, inteiramente perdida num incêndio que não rendeu investigações e o caso acabou por ser arquivado. Ela é alta, apresenta-se com graça em trajes improvisados, é conhecida por seu palavreado erudito e pelas histórias que conta, dotadas de grande carga poética. É iniciada nas curas, sabe dançar e cantar. Ninguém sabe sua origem, e todo o seu corpo — que interpretam erroneamente como o mais público dos corpos da região — é permeado de espelhos da dúvida alheia. Mas é possível deduzir seu destino, dada a situação de abandono em que vive há tantos anos e da qual nunca conseguira se libertar. Tampouco é membro do que a sociedade reconhece como família. Costuma dormir de dia, como medida de proteção, num amontoado de papelões de descarte, e à noite arrasta as latas vazias que coleciona com cuidado e determinação. É mãe de pelo menos cinco vira-latas, seus guardiões, e um dia confidenciou a uma vizinha que (...) *trabalhava em casa de família fazendo todos os serviços qualquer um serviço* (...).[8] Essa vizinha, uma viúva aposentada e sem filhos, hoje faz questão de recontar a história acrescentando dados: "Chegou a trabalhar

---

[8]   *Ibidem*, 06'32".

▼ Cenário 3 – Rua

uma encarnação encarnada em mim   51

como empregada doméstica na vizinhança antes de enlouquecer e passar o dia falando sozinha pela rua." Mas outro morador, seu Olinto, um biribeiro invencível, determina: "Conheço Stella tem pra mais de cinquenta anos. É briguenta, mas tem bom coração. Gosta de goró e fala poesias como ninguém. Tem família sim. Já passou por muitos hospícios, mas aquela ali de louca não tem nada, é muito sábia, mas infelizmente leva essa vida triste."

Porém, o consenso é que Stella é uma espécie de oráculo da praça, a voz da rua, gosta muito de conversar, e há quem já tenha desejado coletar suas histórias para compilá-las num livro. Rearranjando o cenário: Stella é uma personalidade dessas ruas, a que mentes estreitas chamariam de "maluca de rua" e espíritos mais elevados chamariam de "entidade"; a mesa é a distância pessoal e social que as pessoas escolhem tomar dela — escutá-la e ouvi-la ou ignorá-la e maltratá-la; as cadeiras são os bancos dessa pracinha, os meios-fios das calçadas, os batentes das portas dos comércios locais. O gravador é a oralidade que arrastará Stella para a memória familiar dessa vizinhança. As pessoas se aproximam dela, outras são abordadas por ela, que sempre tem uma palavra para dar ou trocar. A voz é sua moeda oficial, que se oferece intermitentemente pelo encontro com o alheio para reconstituição de um eu que só tem existência se existe o outro. Às vezes grita, às vezes dança, noutras chega a conversar com o real ao seu redor: (...) *A realidade é essa folha/ esse banco/ essa terra essa árvore/ é esse prédio de dois andares/ é essas roupas estendidas na muralha* (...).[9] Stella é a poeta das ruas — onde poetas se originam, pela profecia, e às quais sempre devem retornar — e vive em liberdade, fala sem pedir permissão, conta sua história e outras histórias para captar ouvintes e harmonizá-los com seu canto desconhecido, inclassificado, que retumba nas ruas, e só responde a um

---

[9] *Idem*, ACG [01 Peço, em acesso...], 29'10".

mistério próprio e urgente. Seu Olinto ainda não sabe, e talvez até deseje, mas essa rua que ainda não sei localizar no futuro vai se chamar rua Stella do Patrocínio.

Os mitos. Os mitos continuam sagrados. Isso é inviolável. Contamos mitos quando crianças e adultos. Eles nos preparam para a noção de respeito, a noção de fé no mundo real e no mundo sobrenatural. Nós preparamos as crianças com os mitos. Elas têm que saber os mitos. As crianças vão ter medo de escapar porque contamos os mitos para elas. Serão respeitosas, vão aprender sobre o respeito e dizer: "Se isso acontece nos mitos, então talvez aconteça comigo." Elas vão aprender a *se* respeitar, a se conhecer, e assim à natureza. Tudo está nos mitos: ciência, astronomia, astrologia, biologia, física, matemática, literatura. Tudo está nos mitos. Tudo. Quando as crianças já compreenderem os mitos e tiverem crescido moral e espiritualmente, e puderem assim entender as coisas, aí é que vamos contar as lendas. Vamos dizer: "Você entendeu tudo, agora nós vamos te ensinar a diferenciar o que é verdade do que é mentira. Você vai aprender a separar a verdade da mentira — e isso é uma lenda." Quando entenderem a diferença entre os níveis, entre o que é verdadeiro e o que é falso, vão respeitar a verdade e nunca mais vão dizê-la. Ela será um segredo. Porque o falso se torna um jogo. E você vai brincar com o falso para respeitar a verdade — isso é um conto. Mas existe um grande guarda-chuva que engloba mitos, lendas e contos. O sagrado, o dessacralizado e a brincadeira — isso é um épico. Por isso a gente diz que o épico é a maior, mais grandiosa e profunda escola.[10]

---

[10] Depoimento do griot Toumani Kouyaté sobre a tradição oral no Mali. Toumani Kouyaté e Beatriz Seigner, *Entre nós, um segredo*, Vitrine Filmes, 2020, 07'18"-09'27".

Cenário 4 – África Ocidental, Mali

Aqui, nas encruzilhadas de Stella, o tempo, assim como o eu, é um outro.[11] E abro — é evidente que preciso, nem carece justificar — a primeira de muitas passagens históricas que nos levarão ao terreno fecundo do *dizem*, do *era uma vez*, do *tem uma história que diz assim*, da palavra inviolável, coletiva, que se revela aos poucos. Assim, o quarto cenário é um terreno de chão batido na África Ocidental, precisamente em Mali, no Mali do século XIII, sob o império de Sundiata Keita. Conhecido por alguns como Rei Leão, Keita é um guerreiro militarizado e destemido que comanda o Império do Mali, um dos maiores impérios africanos, que faz então duas décadas, e é o principal responsável por unificar territórios pertencentes ao povo mandinga (*mandé*), tendo sido constantemente relatado e saudado por meio da oralidade nos cantos dos *djelis* e dos *griots* (*griôs*), os célebres contadores de histórias e mitos de seus povos do oeste da África, que abrange o Benim, Burquina Fasso, Cabo Verde, Costa do Marfim, Gâmbia, Gana, Guiné, Guiné-Bissau, Libéria, Mali, Mauritânia, Níger, Nigéria, Senegal, Serra Leoa e Togo. A figura do *griot*, cujo feminino é *griote*, do termo mandinga *jelyia, jali, djali* (sangue) ou *jeli*, desempenha as funções de poeta, orador, músico ou cantor; é conselheiro do rei e faz as intermediações entre o rei e seu povo; é o indivíduo responsável por guardar e transmitir a memória de seu povo, sendo o principal repositório da tradição oral e conselheiro dos membros da realeza. Um líder e um bardo instruído no pensamento e na arte islâmica por meio do Alcorão, conhecido como "Mestre da Palavra".

Mas se estamos no entretempo e é possível estar no Mali do século XIII e no Brasil na década de 20 do século XXI concomitantemente — e o termo *griot* vem da transliteração francesa *guiriot*, que pode ser traduzido como "criado" em português do Brasil, ao passo que "mandinga", do povo mandinga, é, conforme o *Dicioná-*

---

[11] "Je est un autre", Arthur Rimbaud em carta a Georges Izambard, em 1871. Arthur Rimbaud, "Lettre à Georges Izambard", *Alea: Estudos Neolatinos*, 2006.

rio Houaiss, "o ato ou efeito de mandingar, fazer feitiço, feitiçaria"[12] — é possível que cheguemos ao que o consenso reconhece como eternidade. Ninguém vira *griot* (ou *griote*), nasce-se numa família de *griots*. Assim, pessoas que desenvolvem a arte originária dos *griots* mas não nasceram numa família de *griots* são chamados de *jelyas*, e são considerados artistas da música ou da palavra falada, da linguagem verbal, cujo principal atributo é recontar, por meio da performance, a história político-social do povo mandinga. As *jelyias* também são guardiãs do baobá, árvore africana de regiões tropicais que pode viver mais de 2 mil anos e simboliza, para o povo iorubá (nigero-congolês), um elo entre o mundo dos vivos e o mundo dos mortos, conectando o sobrenatural e o material. Os jelys *narram* histórias, as jelyias *cantam* histórias. De acordo com o historiador Luiz Antonio Simas, no livro *O corpo encantado das ruas*, o baobá é a árvore da coesão e do mistério. Ele ainda ressalta:

> A cosmogonia mandinga diz que o mundo terrestre, Dunya, não nasceu como súbita criação, mas como um parto longo e complicado, em que todas as possibilidades que marcam um nascimento (amor, dor, angústia, incerteza, alegria, risco, luz, água) se apresentam. O mundo não é natural, é primordialmente sobrenatural, mas se manifesta como um espaço para o acolhimento das mulheres e dos homens que respeitam e se integram ao que não é humano por meio da palavra e do canto.[13]

Sentada nos fundos de um terreno de chão batido no Mali do século XIII, sob o império de Sundiata Keita, avisto que entramos

---

[12] *Dicionário Houaiss*: mandinga. Todas as referências ao *Dicionário Houaiss* neste ensaio, atribuem-se à edição Houaiss Eletrônico, versão monousuário 3.0, Instituto Antonio Houaiss, Editora Objetiva, 2009. Para referenciar as remissões, indicam-se o verbete e, em seguida, os respectivos trechos elucidados pelo dicionário entre aspas.

[13] Luiz Antonio Simas, *O corpo encantado das ruas*, Rio de Janeiro, Civilização Brasileira, 2019, p. 150.

por imaginação histórica no *Reino dos bichos e dos animais*, e Stella do Patrocínio é uma *jelyia*, uma cantora, uma artista da linguagem verbal, a Mestre da Palavra e a divindade que está na Terra para ser consultada; está enrolada num grande tecido cru, pintado à mão, também sentada no chão batido desse terreno, falando, falando, falando. Canta e conta histórias e sabe que é escutada com atenção, pois suas ouvintes e as ouvintes de suas ouvintes se encarregarão de recontá-la, boca a boca — o boca a boca, princípio da oralidade, pictoriamente é um movimento de grande magnitude no qual podemos contemplar bocas de tantas raças, línguas de variados sistemas de representação e dentes cuja coloração vai do calcário ao rubi, abocanhando o espaço físico para instaurar a memória —, pelos séculos. Num dos cantos que costuma repetir, Stella diz: (...) *Primeiro veio o mundo dos vivos/ depois do entre a vida e a morte/ depois dos mortos/ depois dos bichos e dos animais* (...);[14] não existe mesa, só existe a terra — e a *terra* estabelece a distância entre os corpos, opondo-se diametralmente ao *céu*; ela está sentada sobre a terra e vigilante de um grande baobá, aconselhando as três mulheres que estão à sua frente a absorvê-la, e que assim passarão seus ensinamentos adiante, do mesmo modo que os receberam, por meio da oralidade; não existe gravador, a memória humana é carnal; mas ela toca sua *kora* ou seu balafom, e o ritmo embala o canto feito de som e palavras — poesia: verbo e som —, e quem as ouve também é o baobá.

No quinto cenário estamos na Antiguidade grega, na cidade de Delfos, o centro do mundo, nas encostas do monte Parnaso. Entramos no pátio do Templo de Apolo, onde logo se lê inscrita a máxima délfica: "Conhece-te a ti mesmo." Esse templo foi erguido em homenagem ao deus Apolo, deus do Sol e da beleza, também deus do canto e da lira, seu símbolo. Considerado um protetor das artes — poesia, música e pintura — e um protetor da terra, estão

---

14 Stella do Patrocínio, ACG [04 Me ensinaram...], 18'22".

relacionadas a ele as atividades agrícolas, as colheitas; em consequência, um de seus mitos nos diz que era o protetor dos rebanhos. Outra faceta de Apolo também guarda relação com o combate e a invencibilidade, sendo considerado um arqueiro exímio, que matava com uma única flecha. Mas foi com um alvejo de mil dardos que matou o dragão-fêmea, a Píton, um monstro-animal, serpente-monstro de tamanho descomunal que vivia nessa cidade de Delfos (cujo nome anterior e mitológico era Pytho, do grego πύθειν, "serpente"), nascida do grande dilúvio, e que fora enviada por Hera para matar Leto, mãe de Apolo. Ao executar Píton, apossa-se do Oráculo de Têmis, que passou a chamar-se Oráculo de Delfos e esteve localizado dentro desse Templo de Apolo, onde ainda estamos no pátio. No Livro I das *Metamorfoses*, poema cosmogônico de 12 mil versos latinos publicado há 2 mil anos, do poeta romano Ovídio, conhece-se um pouco mais do mito de nascimento da Píton, antes que o arqueiro Febo (Apolo, para os romanos) a cravasse de mil dardos. Do Livro I:

Os outros animais, sob formas variadas, gerou-os a terra
espontaneamente, depois de a umidade que tinha haver aquecido
ao fogo do sol, e o lodo e as águas estagnadas se encheram de vida
por ação do calor, e o germe fecundo das coisas, alimentado
por um solo vivificante, se haver desenvolvido como no seio
de uma mãe e, com o tempo, haver assumido formas distintas.
É assim como quando o Nilo das sete embocaduras
se retira dos campos alagados e reconduz suas águas ao primitivo
[leito,
e o lodo que fica abrasa sob o efeito do astro de fogo.
Os agricultores encontram na terra que revolvem
animais variados, sendo alguns deles apanhados
no processo de nascimento, encontram outros em formação
e com os membros incompletos, e, no mesmo corpo,

às vezes, está uma parte viva e a outra é terra inerte.
De fato, quando se combinam umidade e calor, eles geram vida,
e dos dois elementos nascem os seres todos.
Embora fogo e água sejam inimigos, este calor úmido
cria as coisas todas, e a discordante harmonia fomenta a gestação.
Por isso, quando a terra, coberta do lodo do dilúvio recente,
recomeçou a aquecer sob o efeito do intenso calor dos raios do sol,
deu origem a incontáveis espécies. Reproduziu, em parte,
as formas antigas; em parte criou prodígios novos.
A terra não te quereria, mas também a ti, colossal Píton,
te gerou então.[15]

Ultrapasso o pátio do Templo de Apolo e o centro délfico para avistarmos a entrada do ádito, um espaço oculto, santuário comum nos templos gregos da Antiguidade, a que só os sacerdotes e adivinhos tinham acesso, uma espécie de câmara onde são realizados cultos e oferendas. Mas não podemos entrar; nos encaminhamos para a Sede da Pítia, a sacerdotisa desse Templo de Apolo, e chegamos ao Oráculo de Delfos. A pítia (gr. *puthía*, advém de *pytho*), ou pitonisa e sibila, cujo nome advém da Píton, era a mulher oracular, a profeta que, apossada de delírio acompanhado de transe, tinha o poder da adivinhação e dava consultas sobre o futuro, orientando sobretudo pessoas influentes da pólis grega, de maneira enigmática e usando de uma fala por vezes ininteligível. A pítia não era uma médium, era a porta-voz de Apolo — que, nos dizem outros mitos, era também o deus da adivinhação, divindade profética e oracular, e que por sua vez mediava a voz de Zeus e a colocava dentro da boca da Pítia; isto é, uma mulher em carne e osso que recebia a voz da divindade em seu corpo, sua boca, e transmutava esse sopro em mensagens que entregava aos homens também de carne

---

[15] Ovídio, *Metamorfoses*, Livro I, São Paulo, Editora 34, 2020, pp. 75-76.

uma encarnação encarnada em mim

e osso, orientando e inspirando as vias de seus destinos. É sabido que o destino, a fortuna, tinha grande valor no mundo grego, sendo o alicerce da tragédia. No volume V dos quinze que constituem o *Moralia*, do biógrafo e livre-pensador Plutarco — observador do comportamento e da fé gregos, que chegou a ser sacerdote oficial do Oráculo de Delfos por volta de 95 d.C., tendo morrido na cidade de Delfos *circa* 120 d.C. —, estão transcritos, entre o estilo discursivo e o ensaístico, os três Tratados Délficos, redigidos pouco antes de sua morte, nos quais Plutarco comenta, sem relatar, a natureza das atividades oraculares realizadas ali. No segundo Tratado — o *Do Oráculo da Pítia* —, afirma:

> [Boethus] não nos faz crer que o deus os tenha composto [as mensagens oraculares]. As sacerdotisas proféticas são guiadas de acordo com suas faculdades e talentos inerentes. É certo que, se fosse necessário escrever os oráculos, em vez de enunciá-los oralmente, não creio que devêssemos acreditar que a caligrafia fosse a do deus, e encontrar falhas nela porque, em termos estéticos, fica aquém da dos escribas. Na verdade, a voz não é a de um deus, nem o tom da fala, nem a dicção, nem a métrica, todos esses atributos são da pítia; o deus coloca em sua mente apenas as visões e cria uma luz em sua alma em relação ao futuro; é precisamente isso a inspiração.[16]

A Pitonisa de Delfos, a primeira sacerdotisa — e posteriormente as pítias, pois com o tempo outras moças foram recrutadas para desempenhar a tarefa de sacerdotisas do Oráculo de Delfos —, era, por ideal, uma virgem, a alma pura, sem instrução formal, advinda de um núcleo familiar pobre, pois acreditava-se que uma mulher da nobreza, que conhecera a suntuosidade material, não

---

[16] Plutarco, *Moralia*, Cambridge, Harvard University Press, 2003, v. 5, p. 275 (tradução minha).

uma encarnação encarnada em mim

poderia exercer essa missão. A Pitonisa era conduzida por um sacerdote, sentava-se sobre uma trípode, uma espécie de banco alto de três pés, situado acima de uma fenda geológica que exalava gases intoxicantes, da qual emanava o sopro divino. Esses gases, uma vez inalados por ela, a possuíam de um transe capaz de fazê-la falar, isto é, emitir suas profecias. As pessoas que queriam se consultar com a pítia faziam suas perguntas oralmente ou por escrito e eram respondidas por meio da fala — inicialmente em prosa e depois em versos — ou por mensagens redigidas pelos sacerdotes que lhes prestavam assistência. Ainda em *Moralia*, segundo Plutarco, o tom vocal e o estilo da fala dessas profecias eram dotados das seguintes características:

> Nutre-se a crença de que o deus, ao fazer suas revelações, faz uso dos cantos das garças, das cambaxirras e dos corvos; mas não se pode teimar em crer que, na medida em que se está na posição de mensageiras e arautos dos deuses, expressem tudo racional e claramente; portanto, é aconselhável considerar que a voz e a linguagem da sacerdotisa profética, como uma canção entoada pelo coro no teatro, ofereça doçura e embelezamento, e que seja expressa em verso de estilo grandiloquente e formal, e faça uso de metáforas verbais, sempre acompanhada de uma flauta na emissão de suas profecias.[17]

Antes de fechar a cortina que encerra o quinto cenário, o rearranjo é simples: Stella é a pitonisa sentada sobre a trípode, que aqui substitui a cadeira; o galpão, transladado, é a Sede da Pítia, o santuário secreto em que está sentada sobre a trípode; o Templo de Apolo é o Núcleo Teixeira Brandão; não há mesa, ela está inclinada sobre a fenda geológica da qual emanam os gases — (...) *Nos*

---

[17] *Ibidem*, p. 321 (tradução minha).

gases eu me formei e tomei cor (...)[18] — que a conduzem no transe profético, apossada do sopro divino, e, curvada, presta revelações às três mulheres — aqui no papel das consultantes que estão de pé à sua frente, uma a cada vez — sobre seus destinos compartilhados. É certo que não há gravador; a mensagem é transmitida por meio da oralidade do sacerdote, muito embora algumas tenham sido registradas por escrito e até publicadas. A pitonisa Stella está falando em versos; e, quando fala em versos, erige seu *Falatório*, nome inventado por ela mesma para dar forma a um conjunto de falas que certas vezes são histórias, narração, épica; noutras, memória, arquivo e reputação; em recorrência, estabelece-se a partir de respostas, discurso que se origina no diálogo e desemboca numa espécie de ensaio de si; não fosse o ritmo, a intencionalidade, o sentimento de apreciação estética do real, o *Falatório* seria, em essência, da natureza da prosa, mas é som, é canto, portanto cantado em versos do começo ao fim. Numa das estâncias, Stella expõe a uma consultante como tudo começou — a fala é pejada de nascitura iminente, a voz parece desejar uma espécie de compreensão da formação cósmica e, por consequência, a cosmogonia de seu próprio eu — mas não sabemos se fala do mundo, se fala de si, se fala de um destino reverso, quando assim se profetiza espontaneamente, sem responder a uma pergunta pontual, reiterando-se: (...) *Eu não sou da casa/ eu não sou da família/ não sou do mundo/ não sou de nenhuma das cabeças/ e de nenhum dos corpos/ não sou.../ do mundo/ não sou da família/ não sou da casa/ não sou de nenhuma das cabeças/ e de nenhum dos corpos/ não sou do ar do espaço vazio do tempo e dos gases/ se anda no ar no espaço vazio e no tempo e nos gases/ como ar e espaço vazio e tempo e gases/ não como forma humana matéria humana/ e carne humana pesada* (...).[19] A consultante a quem se

---

[18] Stella do Patrocínio, ACG [03 Stella... tem mais de 12 anos], 15'11".
[19] *Idem*, ACG [02 só presto...], 02'59".

uma encarnação encarnada em mim   61

dirige triplica essa mensagem oracular com uma pergunta simples e desviante: "Stella, o que você acha do amor?"

Permanecemos na Antiguidade, mas, para sair dessa consulta no Oráculo de Delfos em alguma data registrada entre os séculos VIII e II a.C., e partir da cidade de Delfos em direção ao destino do sexto cenário, pelo mar, restam apenas duas opções: ou dou meia-volta no golfo de Corinto para, contornando pelo mar Jônico, chegar ao Mediterrâneo; ou desço o golfo de Corinto, cruzo Corinto a cavalo para chegar ao golfo Sarônico e, avançando pelo mar Egeu, estou irreversivelmente no Mediterrâneo e cheguei a Nazaré, na Galileia, por volta do século IV a.C., e Jesus acabou de nascer. Preciso esperar até que ele cresça e se torne aquele rapazote belicoso que se comunica muito bem, mas num dialeto semita muito utilizado pelo poviléu, o aramaico. Novamente estamos numa região rochosa, e Jesus, filho de um carpinteiro e de uma dona de casa, sobe e desce montanhas de sandália, falando, falando, falando pelos cotovelos como um "maluco de rua" ou uma divindade? Era adepto das frases feitas, sacramentou ditos que ele mesmo fabulou a partir do que lia, talvez em hebraico, e inventou histórias simples, que por analogia e com finais que guardavam mensagens escondidas pareciam estabelecer regras de conduta e comportamento. De palavra em palavra enfileirada que vibra nos quatro ventos, o que se sabe é que Jesus não escreveu absolutamente nada. Ao contrário, andavam atrás dele, montanha abaixo e riacho acima, com um papelzinho e uma canetinha na mão, um sem-número de galalaus instruídos que transpuseram e traduziram suas palavras — porque Jesus falou em aramaico, foi transcrito em hebraico, mas publicado em grego — para livretos sob o nome de *Evangelho*s, que foram e são lidos, vendidos e entoados no decorrer das eras. Há inúmeras versões dos evangelhos, há apócrifos, e cada transcritor adotou um ponto de vista para recontar o falatório de Jesus. Dentre os best-sellers, cânones de crítica e público, fundamentados pelo que depois viríamos a tomar conhecimento como sendo o cristianismo centralizador, há Mateus, Marcos, Lucas e João.

O corte que se estabelece aqui pretende deixar em evidência o Jesus histórico — a personalidade falante, o homem cujas palavras fatais vibrando no ar pelo som tinham tanta carne mesmo quando anunciavam e já saudavam o que ninguém ainda parecia conseguir enxergar, um suposto Reino vindouro; que eram passadas adiante, pelo boca a boca, de venda em venda, cruzando o dia a dia da classe trabalhadora e chegando aos ouvidos moldados em refino grego dos aculturados de todo o Oriente Médio; o que ele se tornou depois que foi consagrado Cristo, o Jesus bíblico, é unanimidade, e, afinal, o que eu poderia acrescentar sobre um sujeito que passou de poeta da oralidade a filho de Deus?

> Segundo a Bíblia, a potência de Deus, que por meio da criação e da revelação se manifesta ao povo de Israel, encontra a sua expressão no respiro, *ruah*, e na voz, *qol*. O termo *ruah* indica antes de tudo o fôlego, o hálito vivificante de Deus soprado na boca de Adão, ou seja, aquele mesmo respiro divino que sopra sobre o caos antes de nomear os elementos que dele surgem. (...) Para a velha Israel, tanto a criação quanto a autorrevelação não vêm da palavra de Deus, mas sim de seu respiro e de sua voz.[20]

Sobre isso, Stella diz: (...) *Jesus Cristo é o Reino de Deus feito ouro/ Jesus Cristo morreu enquanto homem porque enquanto Deus não podia sofrer nem morrer* (...).[21] Mas o Jesus homem, o Jesus-carne, um simples galileu que entendeu logo cedo que dentro de seu corpo existia um templo primordial lo-

---

[20] Adriana Cavarero, *Vozes plurais*, Belo Horizonte, Editora UFMG, 2011, pp. 35-36.

[21] Stella do Patrocínio, ACG [03 Stella... tem mais de 12 anos], 04'29".

calizado na gruta interna de sua boca, isto é, sua garganta, a qual lhe oferecia um instrumento poderosíssimo chamado cordas vocais, passou a se ouvir e, operando a escuta de si consigo mesmo, ouviu sua voz e gostou dela, fabulou com ela, e, ouvindo-a com atenção, entendeu que poderia usá-la para compreender o que havia para ser compreendido no ser alheio. Danou a falar, fez da voz seu primeiro Deus, e, falando, intuiu e fez uso do conceito teológico de carisma, que àquela altura nem sequer havia sido inventado, mas que, segundo o *Houaiss*, é o "dom extraordinário e divino concedido a um crente ou grupo de crentes, para o bem da comunidade".[22]

> Para a fase mais antiga da religião hebraica, Deus é voz, ou mesmo sopro, não palavra. Ele se transforma em palavra — segundo a fórmula ritual, "palavra de Deus" — por meio dos profetas que lhe emprestam suas bocas, de forma que o *qol* divino se faça língua articulada, ou melhor, a língua de Israel.[23]

Em sua biografia de Jesus, o poeta Paulo Leminski afirmou que ele passou de poeta a profeta simplesmente porque fez essa projeção do "advento de um certo 'Reino de Deus'", e constata que

> esta *pro-jeção*, Jesus herdou dos profetas hebreus, dos quais ele foi o maior, inventando o futuro, já que o presente histórico é insuportável. Foram os profetas que inventaram o futuro, assim como os poetas inventarão o presente e os homens de ação inventam o passado sem cessar.[24]

---

22 *Dicionário Houaiss*: carisma.
23 Adriana Cavarero, *Vozes plurais, op. cit.*, p. 36.
24 Paulo Leminski, *Vida*, São Paulo, Companhia das Letras, 2013, p. 166.

É de imaginar, conforme o que acabamos de testemunhar em Delfos, que a palavra "profeta" tivesse origem grega. Deriva de *prophētēs*, que por sua vez advém da junção do verbo *phēmi*, que significa "falar" ou "dizer", com o prefixo *pro*, que se refere a "para a frente" ou "adiante". O profeta é aquele que prediz, na presença de um público e por meio da proclamação em voz alta, qualquer espécie de resposta oracular que tenha recebido de uma divindade. Ele é intérprete, tradutor, ao passo que porta a voz de Deus e passa a ser dele, inescapavelmente, porta-voz. Para tal, faz uso de ritos que podem envolver a música, a dança, a incorporação, um palavreado grandiloquente e até a poesia; do mesmo modo que os "cavalos de santo" são indivíduos que recebem as entidades nas incorporações e fazem de seu corpo e de sua voz o corpo e a voz das entidades. Reproposto, Jesus cavalo de santo de Deus. A Pítia, quem sabe, cavalo de santo de Apolo. A clarividência de Tirésias também faria dele o cavalo de santo mais famoso de Tebas, cego que antevia o futuro. Todos profetas, todos essencialmente mensageiros. Entretanto, quando busco o equivalente de "profeta" no hebraico, encontro o vocábulo *nābî*, e, segundo Leminski, "um nabi era uma espécie de 'louco de Deus'", isto é, um indivíduo entregue ao êxtase, o que se eleva, um "encantado". Essa ambiguidade, explica ainda Leminski, tomando como exemplo o poeta e profeta Isaías, sinaliza que esse profeta bíblico "parecia se situar num tempo especial, um *extratempo*", e refere-se ao fato de que

> para Isaías, o exercício da profecia, como entre os antigos hebreus, era singularmente facilitado por uma característica da língua hebraica, onde não há *tempos*. Mas *modos*. (...) Idioma flexional, como o grego e o latim, o hebraico tem uma forma de verbo que pode significar, ao mesmo tempo, pretérito e futuro. A palavra *amarti*, em hebraico, pode significar tanto "eu disse"

uma encarnação encarnada em mim   65

como "eu direi". (...) Muito difícil, para nós, vivenciar ou mentalizar um universo onde as coisas que já existiram e as que vão existir estão situadas no mesmo plano.[25]

Não me parece necessário o rearranjo desse cenário, vertendo-o para o tempo corrente, para colocar Stella do Patrocínio encenando Jesus de Nazaré, sobretudo porque, se proponho as equivalências, três movimentos me parecem muito mais flagrantes. O primeiro movimento refere-se a esse *extratempo* de que fala Leminski, quando Stella suspende o fluxo convencional do tempo para explicar seu próprio nascimento; a maneira como concebe a si mesma, e ao colocar a gestação e a criação no mesmo plano do ato próprio do nascimento, explicita que nascer não é um acontecimento que ocorre numa data única e isolada, mas que nascer é uma continuidade dentro da própria vida; que *somos* na mesma medida em que *nascemos*, e que para *ser* é preciso *nascer,* alegorizando que nascer é uma ação narrativa contínua dentro de uma trajetória; de outro modo, autoabortamos nossa própria existência: (...) *Eu não existia/ não tinha uma existência/ não tinha uma matéria* (...),[26] ao que a interlocutora pergunta: "E você começou a existir com quantos anos?" Stella responde anunciando o que nas tragédias clássicas era chamado de catástase: (...) *Quinhentos milhões e quinhentos mil/* (...) *Logo duma vez já velha/ eu não nasci criança não nasci já velha/ depois é que eu virei criança* (...).[27] A interlocutora insiste: "Ah, sei, e agora você é o quê?" Stella prossegue no desenlace e revela sua sorte, digamos, reversa, o outro lado do destino de quem passa a maior parte da vida em clausura:

---

[25] *Ibidem*, p. 167.
[26] Stella do Patrocínio, ACG [02 só presto...], 10'25".
[27] *Ibidem*, 10'35".

uma encarnação encarnada em mim

(...) *Continuei velha me transformei novamente numa velha/ voltei ao que eu era/ uma velha* (...).[28]

Ainda nesse mesmo arquivo de áudio, depois de replicar às perguntas genésicas da interlocutora elaboradas a partir de sua tomada de assunto, Stella, de modo espontâneo, puxa ao *Falatório* uma nova linha de fala — o que conhecemos convencionalmente como *verso,* em Stella entendo como *verbo encarnado,*[29] isto é, *fala*; porém, a cada uma das partes desse poema longo chamado *Falatório*, opto por utilizar a acepção da versificação tradicional, isto é, *canto* — Stella puxa um novo canto a exatos três minutos do canto comentado no parágrafo anterior para continuar falando de um novo nascimento dentro daquele nascimento em curso. E não aponta a morte como a conclusão do nascimento — situando-se, novamente, no *extratempo* — porque a morte também para ela parece estar em curso, mortificação, conforme o nascimento, também uma ação narrativa em curso dentro de sua própria vida, e isso parece flagrar a deterioração de sua vida no hospício. Da *antivida* que leva, diz: (...) *Meu nome verdadeiro é caixão enterro/ cemitério defunto cadáver esqueleto humano asilo de velhos/ hospital de tudo quanto é doença/ hospício/ e mundo dos bichos e dos animais/ os animais: dinossauro camelo onça tigre leão/ é... dinossauro macacos/ e girafas tartarugas/ reino dos bichos e dos animais é o meu nome/ jardim zoológico Quinta da Boa Vista/ um verdadeiro jardim zoológico/ Quinta da Boa Vista* (...).[30] Entretanto, dessa *antivida* ela diz "meu nome", e nomeia-se a partir de animais terrestres — à exceção da tartaruga, que carrega a ambivalência réptil — como a antivida dentro da vida. Para Stella, a morte, aqui ou onde for, surpreendentemente

---

[28] *Ibidem*, 10'45".
[29] Trago e adapto o conceito filosófico do pensamento cristão medieval do teólogo Tomás de Aquino, que, em suas *Questões disputadas sobre a alma*, pela noção de ser e natureza, propõe a união do Verbo Divino com a Carne.
[30] Stella do Patrocínio, ACG [02 só presto...], 13'27".

aponta um recomeço, e é aqui que ensejo o segundo movimento em relação ao cenário de Jesus: Stella anuncia, assim como Jesus, um Reino. Stella proclama seu próprio Reino. O reino dos bichos e dos animais. Ou seja, começa apresentando o nome que expressa seu nome primordial — *Meu nome verdadeiro é caixão enterro/ cemitério defunto cadáver esqueleto humano asilo de velhos/ hospital de tudo quanto é doença/ hospício/ e mundo dos bichos e dos animais*[31] — e conclui anunciando muito mais que um nome, uma linhagem, a linhagem de um reino, o reino de Stella do Patrocínio, o reino dos bichos e dos animais. Afinal, morrer torna-se uma continuidade exterior à vida, porque não se morre, mas se renasce; assim, não se deixa de ser na medida em que se morre; passa-se de um ser vivo a outro.

Vidamorte, extratemporânea, contemporânea do alto éter.[32] *Sou de Deus/ um anjo bom que Deus fez/ para sua glória e seu serviço (...)*[33] é o que Stella fala para arrematar um canto no qual expõe mais uma vez sua noção de total despertencimento e dissolução, na mesma linha temática de outro canto supracitado (*Ainda era Rio de Janeiro, Botafogo...*, p. 27). Esse canto do *Falatório* começa, espontaneamente, assim: (...) *Eu já até falei que eu não ando pela inteligência/ não ando pelo pensamento/ tô com a cabeça ruim/ tô com o cérebro ruim sem poder pensar/ e eu não sou da casa não sou da família/ não sou do ar do espaço vazio/ do tempo dos gases/ não sou do tempo não sou dos gases/ não sou do ar não sou do espaço vazio/ não sou do tempo não sou dos gases/ não sou da casa não sou da família/ não sou dos bichos não sou dos animais (...),*[34] e se desenrola numa conversa, ali-

---

[31] *Ibidem.*
[32] Ovídio, no livro I das *Metamorfoses, op. cit.*, p. 49, canta a recente Criação do Homem: "que a terra, ainda nova, separada havia pouco do alto éter, conservasse os germes do parentesco celeste."
[33] Stella do Patrocínio, ACG [01 Peço, em acesso...], 09'17".
[34] *Idem*, ACG [01 Peço em acesso...], 08'44".

mentada pela interlocutora, sobre a onipresença e a onipotência desse Deus cristão, que Stella questiona ao correlacionar com a sua situação carnal na terra/no hospício, enquanto marca os cortes das falas com batidas nas pernas, incluindo o ritmo percussivo na voz: (...) *Ah eu não sei se ele tá em mim ou se ele não está/ eu sei que eu tô passando mal de boca/ passando muita fome comendo mal/ e passando mal de boca/ comendo me alimentando mal comendo mal/ passando muita fome/ sofrendo da cabeça/ sofrendo como doente mental* (...).[35] Pelo tom de voz e por essa utilização do recurso da percussão como outro instrumento corpóreo que marca a cadência da enunciação, Stella se dá conta de que sua palavra falada desperta a escuta e o interesse da ouvinte, que nesse cenário nomeio como apóstola ou evangelista, isto é, sua discípula, porque entre estas me incluo; quem escuta ou lê Stella tende a reenviar e reentoar Stella. Pesquisadoras, leitoras, ouvintes e poetas tentam realizar a operação de passar adiante seu evangelho publicado sob o nome *Reino dos bichos e dos animais é o meu nome*, cuja primeira versão transcrita por Viviane Mosé abarca grande parte do *Falatório* de Stella. Este livro também poderia ser visto como sendo seu Livro Sibilino, porque, pelo ato da fala em tom de profecia, Stella manifesta a acolhida de sua própria voz, acolhe e expõe sua unicidade numa tripla operação; porque fala de si e, proclamando-se para si mesma e proclamando sua voz no espaço, se autoproclama em vez de se autoabortar. Manifestando, então, essa *acolhida amplificada de si*, tem sua voz recolhida, porque foi gravada, e refluída, porque essa voz está publicada em texto. Assim, dizer seu nome é mais que nomear-se, porque ao falar de *Reino dos bichos e dos animais* anuncia um real que ainda não nos foi dado a ver, divinizando-se num real/ cenário que remonta à Antiguidade.

---

[35] *Ibidem*, 09'45".

uma encarnação encarnada em mim

Para alcançar outro vão difuso da existência de Stella (Stella--Voz) nesse espaço-extratempo e imergir em seu *renascimento*, é inevitável que busque o acesso ao agora sétimo cenário pela narrativa do Dilúvio, e entre todos os mitos da criação originados pela ideia da inundação primordial, a água como agente de regeneração, isto é, reconstituição, escolho o livro do Gênesis, o primeiro da Bíblia hebraica e consequentemente da cristã, para colocar Stella frente a frente com Noé e sua trajetória de herói primordial. A história, conforme contada pela Bíblia cristã, revela que Noé foi um homem longevo, tendo morrido aos 950 anos de idade, e nascido em uma época em que a humanidade atravessava a formação de uma casta impura — advinda do coito entre anjos e homens. A narrativa do dilúvio diz que, devido ao *mundo* que então vivia em pecado e maldade, Deus decidiu inundar a terra para repovoá-la e só salvou um homem, Noé, o justo, aquele que representaria toda a futura humanidade em seu instinto de preservação da vida. Fora recomendado que Noé construísse uma arca para salvar a si, seus filhos Sem, Cam e Jafé, sua esposa, que não é nomeada, e um par de cada espécie existente de animal para inaugurar na nova terra sua linhagem e a de seus descendentes. Diz-se que, na ocasião em que construiu a arca, Noé estaria chegando aos 500 anos de idade. Stella do Patrocínio, quando perguntada a sua idade, responde (...) *quinhentos milhões e quinhentos mil* (...);[36] dado que também afirma quando outra interlocutora faz a mesma pergunta, ampliando um pouco mais a resposta: (...) *Quinhentos milhões e quinhentos mil/ a idade dos moradores do Núcleo Teixeira Brandão Jacarepaguá* (...).[37]

Agora que Stella e Noé estão frente a frente, se aqui nesta cena levo em consideração que os registros e derivados de seu *Falatório* — isto é, os áudios e o livro subsequente — compõem uma arca que, pelo simples fato do registro, puderam operar certo tipo de resgate

---

[36] *Idem*, ACG [02 só presto...], 10'35".
[37] *Idem*, ACG [03 Stella... tem mais de 12 anos], 05'53".

de sua voz e de sua unicidade, compreendo que foi isso que salvaguardou sua voz e a inscreveu no contexto de um mundo futuro, vindouro, este que Stella chegou a anunciar, mas que não experienciou, o retorno ao mundo exterior ao Núcleo Teixeira Brandão. Comparando as pessoas e seres que Noé embarcou em sua arca, busco nos arquivos uma advertência feita a Stella por um sujeito ainda indeterminado: (...) *Eles disseram pra mim/ você não pode passar sem um homem sem a mulher sem criança sem os bichos sem os animais (...).*[38] Mas, ao contrário de Noé, e contradizendo a maneira como chegou a se nomear, Stella não gostava de bichos e de animais, embora tenha chegado a alegar, quando perguntada sobre que bicho pensava ser, que era um dinossauro:[39] (...) *Eu não gosto de bicho não gosto de animal/ apesar que existe bicho existe animal/ mas eu num gosto de bicho num gosto de animais (...).*[40] Assim, na arca de Stella, a arca que reinaugura sua existência, ou seu renascimento, estimo que levaria apenas animais terrestres e um réptil para seu reino, que leva seu nome e sua voz — (...) *Os animais: dinossauro camelo onça tigre leão/ dinossauro macacos e girafas tartarugas (...),*[41] tal qual Noé, que, no interior da arca, só permitiu animais terrestres e aves.

Quando perguntada sobre o que faz no dia a dia do Núcleo Teixeira Brandão da Colônia Juliano Moreira, isto é, na terra arrasada pelo dilúvio, Stella retrata os dias em unidade, como uma sucessão de dias infinitos, eternamente iguais, nos quais sua única atividade, relegada ao desamparo e ao esquecimento, é semelhante ao dia a dia dos equídeos (cavalos), animais domésticos de grande porte: (...) *É segunda terça quarta quinta sexta sábado domingo janeiro fevereiro março abril maio junho julho agosto setembro outubro novembro dezembro dia tarde noite eu fico pastando à vontade/*

---

[38] *Idem*, ACG [01 Peço, em acesso...], 02'46".
[39] *Idem*, ACG [04 Me ensinaram...], 18'47".
[40] *Idem*, ACG [01 Peço, em acesso...], 02'26".
[41] *Idem*, ACG [02 só presto...], 13'44".

eu pasto/ fico pastando no pasto à vontade/ que nem cavalo (...).[42] A entrevistadora pergunta se ela gosta dessa vida, e ela responde: (...) *Gosto/ gosto de ficar pastando à vontade/ só pastando* (...).[43] A entrevistadora replica: "Você não tem vontade de fazer outra coisa?" Stella responde: (...) *Não, não tenho vontade de fazer outra coisa a não ser ficar pastando/ pastar pastar pastar pastar ficar pastando à vontade/ o bom pastor dá a vida pelas suas ovelhas* (...).[44] Em outro momento, a partir de um corte de edição no Áudio 1 — não é possível entender para contextualizar aqui o que Stella falava no momento anterior —, ela torna ao tema do pasto, dessa vez à atividade dos mamíferos artiodátilos (camelos), animais de grande porte das paisagens desérticas. Mas é impossível saber se se refere a si mesma, novamente em forma de simulação de desejo consequente à sua condição de interna decana, ou a uma afirmação dessa condição precária relatada em outras passagens do *Falatório*: (...) *Quero pastar à vontade que nem um camelo* (...).[45]

O cavalo é um personagem constante na poética do *Falatório*, que, de um substantivo masculino comum, passa a integrar um substantivo próprio; mais que isso, o cavalo aqui representa um dos nomes de um mesmo nome, quiçá parte do sobrenome que a profeta recebe como parte integrante de um de seus nomes fantasia, isto é, um nome de fachada — afinal, seu "nome verdadeiro" já fora anunciado anteriormente,[46] e, tendo sido afirmado como verdadeiro, passa a representar a origem de um macroplano espacial de nomeação. Não porque se autonomeie, mas porque parece assim ter sido nomeada por outra pessoa/ser, um *ele* indefinido, e aceita esse nome, proclamando-se: (...) *Ele já disse/ um*

---

[42] *Idem*, ACG [03 Stella... tem mais de 12 anos], 03'30".
[43] *Ibidem*, 04'01".
[44] *Ibidem*, 04'10".
[45] *Idem*, ACG [01 Peço, em acesso...], 01'46".
[46] *Idem*, ACG [02 só presto...], 13'27". *Ver* nota 30.

homem chamado cavalo é o meu nome (...).[47] Vocalizando que passa a atender pelo nome de "Um homem chamado cavalo" num suposto subplano espacial de nomeação, traz à tona um segundo nome de fachada quando diz *Reino dos bichos e dos animais é o meu nome* (...),[48] explicitando que também pode ser chamada de "Reino dos bichos e dos animais". Assim, Stella carrega o nome de seu próprio reino, quiçá um entreplano espacial de nomeação, e mesmo operando a ação simbólica de batismo com recorrência — o que parece evidenciar a total ausência de nomeação — pontifica que não atende só pelo nome de seu reino, visto que alega não ser seu nome verdadeiro.

Os astrólogos astrônomos da China antiga dividiam o mundo entre Céu e Terra — entre estes havia o Reino do Meio Celeste — e dividiam seus dias por meio de um calendário, ainda em voga, que contempla a vida a partir de um ciclo animal subdivido de doze em doze em anos. O cavalo é o sétimo signo do horóscopo chinês, equivalente a gêmeos na astrologia ocidental. Gêmeos é um signo do elemento ar, mutável, regido pelo planeta Mercúrio. Mercúrio, por sua vez, é o planeta da comunicação, da fala, da negociação, assim nomeado em homenagem ao deus romano Mercúrio, o mensageiro alado, que, em sua origem na mitologia grega, é o deus olímpico Hermes, o mensageiro, patrono da eloquência e da astronomia:

> Mercúrio (...), na alquimia [e na química], designa o argento-vivo (a correspondência terrena do planeta) e, além disso, a matéria-prima (matéria primordial) ou a pedra filosofal. O argento-vivo é, ao lado do sal e do enxofre, um dos elementos filosóficos e um dos princípios universais; representa o volátil (*spiritus*). Em oposição aos planetas masculinos, Sol, Marte, Júpiter e Urano, e aos

---

47   *Idem*, ACG [03 Stella... tem mais de 12 anos], 03'52".
48   *Idem*, ACG [02 só presto...], 14'04".

planetas femininos, Vênus, Saturno e Netuno, ele é interpretado como hermafrodita; o mercúrio desempenha, portanto, o importante papel de mediador dos contrários de todas as práticas alquímicas.[49]

No panteão angolo-conguês, da mitologia banta, esse inquice[50] chama-se Aluvaiá; no panteão nagô, da mitologia iorubá, chamam-no Exu, o orixá que não só rege a comunicação, mas a linguagem, e regendo a linguagem opera sobre todo o axé, isto é, *a força vital*. Exu é o orixá das iniciações, que rege todas as portas e passagens, assim como Hermes, guia das almas, tinha um forte papel iniciático nas missões diplomáticas; é ele quem abre os caminhos e que guarda as encruzilhadas. Mas Exu é sobretudo o mensageiro que atua para conectar mundos e extramundos — divindades, espíritos, almas —, ele é pítia e profeta, e ajuda a estabelecer o diálogo entre os seres humanos e os seres divinos. Assim como em Stella, a linguagem em Exu responde e se enuncia a um *extratempo*, que é a *duração* e o *espaço* de passagem e encontro onde circula, também, na cosmogonia grega, a divindade feminina Hécate, ligada à magia e à divinação, figurada com três corpos ou com o corpo uno e a cabeça tríplice, guardiã das encruzilhadas triplas. Hécate é comumente associada ao Reino dos Mortos (o Hades, onde vivia) e corresponde, na mitologia romana, à deusa Trívia, que guarda os pontos onde três ruas ou três caminhos se cruzam. Enfim e novamente, a encruzilhada. A explicação para Hécate guardar três mundos mais o *submundo* — que aqui neste ensaio dá origem ao termo *extramundo*, por sua vez derivado do *extratempo*, isto é, de onde falavam os profetas — é que, após a

---

[49] Herder Lexikon, *Dicionário de símbolos*, São Paulo, Círculo do Livro, 1990, p. 138.

[50] *Dicionário Houaiss*: inquice, "1. nos candomblés de ritos angola e congo, cada uma das divindades equivalentes aos orixás dos nagôs; 2. em alguns terreiros, alma de morto, espírito mau (egum)".

Titanomaquia, Hécate recebeu de Zeus o poder de reger céus e terras (Zeus), mares (Poseidon) e o inferno (Hades), ficando determinado que era a ela a quem todos os deuses e mortais deveriam se curvar em seus pedidos e anseios, conforme vemos no poema *Teogonia*, de Hesíodo:

> Ela [Perseia] engravidou e pariu Hécate, a quem, mais que a todos,
> Zeus Cronida honrou; e deu-lhe dádivas radiantes,
> para ter parte da terra e do mar ruidoso.
> Ela também partilhou a honra do céu estrelado,
> e pelos deuses imortais é sumamente honrada:
> também agora, quando em um lugar um homem mortal
> faz belos sacrifícios regrados e os propicia,
> invoca Hécate. Bastante honra segue aquele,
> mui fácil, de quem, benévola, a deusa aceita preces,
> e a ele oferta fortuna, pois a potência está ao seu lado.[51]

Retorno à simbologia do *cavalo* para falar do acesso ao Reino dos Mortos. Numa simples observação mastozoológica, é possível constatar que o cavalo é um quadrúpede domesticado; um mamífero exuberante de físico robusto e porte majestoso que emana beleza e liberdade, mas que na cadeia alimentar é essencialmente uma presa. É interessante relembrar que, nos labirintos do enxadrismo, as peças da cavalaria (cavalos), tanto as brancas (luz) quanto as pretas (sombra), guardam inúmeras especialidades. São aquelas que, estrategicamente, devem e podem atuar nas linhas (fileiras) de defesa e ataque da arena (tabuleiro) no sentido vertical e horizontal, de duas em duas casas, mas nunca em linha reta, porque sua principal movimentação é um ângulo reto, isto é, a movimentação em L. Assim, os cavalos — que aqui representam

---

[51] Hesíodo, *Teogonia*, São Paulo, Hedra, 2013, versos 411-420, p. 61.

o animal e a montaria do cavaleiro sobre o animal — são os que têm mais habilidade para superar obstáculos, isto é, permite-se que pulem peças, sem essencialmente capturá-las. Desse modo, associo ao *modus* do cavalo a sobrepujança, a inteligência superior, a sagacidade, aquele ou aquilo que transcende e se eleva; a sublimidade o aproxima de tudo que é celestial, talvez o que a astronomia chinesa identificava como o Reino do Meio Celeste.

Associado ao Reino dos Mortos (por exemplo, na Ásia central e para muitos povos indo-europeus), [o cavalo] aparece, portanto, também como guia de almas; por isso às vezes era enterrado junto com o defunto ou sacrificado na ocasião da morte de seu dono.[52]

A astrologia chinesa revela ainda que as pessoas que nascem sob o signo do cavalo correm à solta na vida, chamando atenção por onde passam, e todavia *passam*. O cavalo não se fixa — de outra maneira, é possível imaginar ainda as *passagens* da encruzilhada; mas, contrariamente a isso, o cavalo se fixa em sua determinação — é amplo seu campo de visão (360 graus) porque é duplo, monocular e binocular — tangenciando um objetivo inerente à sua natureza: desviar-se do perigo, fugir etc. Por isso, dorme em pé. Por estar sempre em alerta, misto de calma e agitamento, o humano pouco consegue intuir o modo como um cavalo irá reagir ou atuar diante de uma situação banal — uma das acepções de *loucura*, no *Houaiss*, refere-se a "ato ou fala extravagante, que parece desarrazoado; atitude, comportamento que denota falta de senso, de juízo, de discernimento".[53] No zodíaco chinês, o órgão do corpo que representa o cavalo é o músculo primordial, o coração, e seu caráter de mensageiro também se evidencia em sua

---

[52] Herder Lexikon, *Dicionário de símbolos, op. cit.*, p. 49.
[53] *Dicionário Houaiss*: loucura.

utilização como um meio de transporte, assim como pelo fato de serem atletas, corredores e veículos do turfe. Em oposição ao que é permanente e estático, a transitoriedade que o cavalo arrasta consigo desfila, personificada por uma de suas principais características: a audácia, a audácia do terrestre.

Não à toa, e mais uma vez, os médiuns, indivíduos que incorporam entidades em cerimônias de possessão que são parte e norte de cultos afro-brasileiros de representação coletiva, como a umbanda e o candomblé, isto é, os indivíduos em estado de transe, cuja consciência e sensibilidade experienciam-se por sua alteração, recebem o nome popular de "cavalo de santo". Também o cavalo, para os escravizados negros benguelas que habitavam Minas Gerais na região de mineração de Diamantina, representava status, alegria — numa outra acepção de loucura no *Houaiss*, lê-se: "alegria extravagante, insana; desatino, desvario"[54] — e era muitas vezes o único bem material que possuíam. O cavalo, não como símbolo, mas como dádiva, aparece num dos vissungos[55] colhidos por Aires da Mata Machado Filho em 1928 e publicados no livro *O negro e o garimpo em Minas Gerais*, de 1938. Num deles, renomeado posteriormente como Canto VI na gravação do disco *Canto dos escravos* (Eldorado, 1982), de Clementina de Jesus, Geraldo Filme e Tia Doca, lê-se/ouve-se que, nesse canto de contemplação e satisfação, o cavalo é elevado a personagem central também da vida econômica benguela, de predominância rural, e, mais do que isso, simbolizava e conotava o heroísmo, desviando a atenção do branco escravizador:

---

[54] *Ibidem.*
[55] Canto de trabalho dos negros benguelas de Minas Gerais. Aires da Mata Machado Filho e João Dornas Filho consignam nos vocabulários que elaboraram (exatamente de negros benguelas de Minas) definindo apenas como "cantiga", "cantigas", "canto". Do umbundo, o visungu é plural de ochisungu, cantiga, cântico. *Ver* Nei Lopes, *Novo dicionário banto do Brasil*, Rio de Janeiro, Pallas, 2003, p. 222.

uma encarnação encarnada em mim

Mia cavalo anda em pé, iorô!
Mia cavalo come em pé!
O riabo leva o cavalo
Mia cavalo anda em pé[56]

Assim, por um lado, quando diz *um homem chamado cavalo é o meu nome*,[57] Stella talvez revele as tantas encarnações que venho tentando encenar e imaginar historicamente neste ensaio. Por outro lado, percebo que Stella sinaliza inúmeras formas de recusa a *ser* esse cavalo — a apossar-se desse nome próprio (hermafrodita) de cavalo que aceitou proclamar para si. Afinal, em seu *extratempo*, o cavalo é representado pelo oposto à transitoriedade; simboliza o pasto e até mesmo o *empacar*, a ação do próprio cavalo e do burro que é ela mesma uma inação. É de novo o pasto, e o tempo perplexo da alimentação que antecede o sono, que revem quando, em resposta à pergunta da interlocutora "O que você tem medo que aconteça com você quando tem esses maus pensamentos?", ela diz: (...) *Que eu vire um cavalo ou um cachorro* (...).[58] Em outro momento, a entrevistadora pergunta: "Você tá triste hoje, né, Stella?" E Stella diz: *Eu sempre fui assim/ desde que eu me compreendo como gente eu sou assim/ que antes era um macaco/ à vontade/ depois passei a ser um cavalo/ depois passei a ser um cachorro/ depois passei a ser uma serpente/ depois passei a ser um jacaré* (...).[59] Novamente, aparecem os animais terrestres, agora em direta comparação consigo mesma, na encenação e reencenação de nascimentos nos quais ela adquire diferentes formas, formas que *tomou* de si, o modo como se animalizou em oposição à sua antivida no cotidiano perpétuo de três

---

[56] Clementina de Jesus, Geraldo Filme e Tia Doca, "Canto VI", *Canto dos escravos*, Estúdio Eldorado, 1982, faixa 6, 2 min 35 s.
[57] Stella do Patrocínio, ACG [03 Stella... tem mais de 12 anos], 03'52".
[58] *Idem*, ACG [02 só presto...], 07'25".
[59] *Idem*, ACG [04 Me ensinaram...], 10'52".

uma encarnação encarnada em mim

décadas manicomializada. Ainda assim, para ela, a solução para contrariar a tristeza, ou escamoteá-la em definitivo, parece ter sido transmutar-se num animal terrestre; também porque, vivendo na clausura, jamais poderia alegorizar-se como uma ave.

Vejamos: primeiro, um macaco — à imagem e semelhança do homem, *um homem*; em seguida, um cavalo, o destino que Stella escolhe e repele, fugindo; logo depois, um cachorro, outro animal doméstico, mais manso, domesticado, o mais próximo do convívio do homem, popularmente conhecido como *seu melhor amigo*; na sequência, uma serpente, um réptil, o bicho traiçoeiro que rasteja, que pode envenenar e desencadear males, a perfídia; por fim, um jacaré, o segundo réptil, que na cultura asteca simboliza a criação do mundo, por ser o patrono das águas, com visão superior, o que olha por cima e antevê; ao passo que no xamanismo o jacaré transmuta a energia da agressividade em realização, representando assim o inconsciente e a clarividência. Já na cultura maia, ele é Zipacná (O Jacaré), o criador e sustentador de montanhas, que simula sua própria grandeza. "Este sou eu: eu sou o criador da terra! — dizia Zipacná."[60]

Na cosmogênese cristã — (...) *Eu passo sempre muita fome sinto sede sono frio preguiça e cansaço/ porque eu tô na matéria em forma humana e carnal/ e é a mesma mulher é o mesmo homem é a merma criança é o mermo bicho é o mermo animal é o mermo espírito é a mesma alma/ é o mesmo Deus é a mesma Nossa Senhora é o mesmo Menino Jesus no tempo* (...)[61] —, como cenário de passagem para cosmogonias menos canônicas ou atreladas à religião, a escuridão (trevas) era o que se presumia por *mundo*, porque este não existia, era água em estado líquido e gasoso —

---

[60]   Josely Vianna Baptista (tradução crítica e notas), *Popol Vuh*, São Paulo, Ubu, 2019, p. 134.
[61]   Stella do Patrocínio, ACG [04 Me ensinaram...], 09'27".

(...) *tudo ficou nas trevas na madrugada mundial sem luz* (...).[62] Até que Deus decidiu conceber aquela que seria sua primeira e humilde Obra, intitulada Mundo, e decidiu executá-la em seis etapas (dias), reservando o sétimo dia para seu merecido descanso.

Numa das conhecidas narrativas de criação do mundo presentes em um dos Livros da Lei, o Gênesis, do Antigo Testamento, tudo aconteceu da seguinte maneira: em primeiro lugar, claro, Deus criou a Luz — (...) *E quando no escuro fizeram força pra chegar a claridade e a luz* (...)[63] — afirmando sua autoridade criadora, sabedoria e virtude supremas, e dentro da Luz colocou o Céu e a Terra; em seguida, para expandir, criou o Firmamento, apartando o Céu das Águas, que inundavam tudo, separando a água em estado gasoso (nuvens) da água em estado líquido (mares); estabelecida a atmosfera, num terceiro momento, isolou as Águas para resgatar o elemento seco, isto é, a terra, e pôs sobre ela todas as espécies de plantas de uma só vez, que brotaram imediata e espontaneamente; no quarto dia, sentiu falta de ilustrar o espaço celestial, onde parecia já haver corpos de luz em estado de inatividade, então, com um só comando, chamou o Sol, a Lua e as estrelas, que precisavam começar a trabalhar para demarcar o andamento do tempo, separando o período do Dia do período da Noite, e assim separou Dia e Ano — (...) *O tempo é o gás o ar o espaço vazio* (...) —,[64] porque o Mês só seria inventado depois; como quinta atitude, fez brotar dos mares os peixes e outras criaturas aquáticas, e, arremessando aves no céu, rascunhou a aviação. Não satisfeito, ordenou que todas essas criaturas logo se multiplicassem para preencher seu recém-criado Mundo; por fim, adiando ao máximo e por intuição a tarefa que mais lhe daria dor de cabeça no futuro, criou o Homem e deu a ele um rosto e um corpo idênticos ao seu, mas sabe-se lá qual

---

[62] *Idem*, ACG [02 só presto...], 21'45".
[63] *Ibidem*, 21'50".
[64] *Idem*, ACG [04 Me ensinaram...], 15'00".

seja a sua imagem. Para que o Homem não se sentisse sozinho, pôs ao seu redor os animais terrestres — *dinossauro camelo onça tigre leão/ dinossauro macacos e girafas tartarugas*[65] —, primeiro os domésticos, depois os répteis e, em seguida, os animais selvagens. Não é sabida a procedência dos insetos; parece que teriam sido criados logo depois da Mulher, mas as fontes são incertas. O fato é que olhou para o Homem e para a Mulher e falou: "É tudo de vocês, usem e abusem! E não se esqueçam de multiplicar!" Impassível, Deus olhou mais uma vez para a vastidão de sua Obra e, ao se dar conta de sua magnificência, inventou ainda a palavra *perfeição*. Passou o dia seguinte inteirinho dormindo.

Já na cosmogonia desana — da etnia Desana-Kẽhíripõrã, que vive na bacia do rio Uaupés, região do rio Negro, na fronteira do Amazonas com a Colômbia, também chamada de Umukomahsã (Gente do Universo) —, quando o mundo ainda não existia, o primeiro acontecimento manifestado, o fato primevo que lhe inspirou o sopro da existência, foi o aparecimento de uma mulher: a aparição em *continuum* de uma mulher sozinha e velha, que vai se revelando aos poucos em meio às trevas. Essa mulher não chegou a ser criada *a priori*; ela surge, apenas, de um suposto nada:

> No princípio o mundo não existia. As trevas cobriam tudo. Enquanto não havia nada, apareceu uma mulher por si mesma. Isso aconteceu no meio das trevas. Ela apareceu sustentando-se sobre o seu banco de quartzo branco. Enquanto estava aparecendo, ela cobriu-se com seus enfeites e fez como um quarto. Esse quarto chama-se Uhtãboho taribu, o "Quarto de Quartzo Branco". Ela se chamava Yebá Buró, a "Avó do Mundo" ou, também, "Avó da Terra".[66]

---

[65] *Idem*, ACG [02 só presto...], 13'44".
[66] Umusĩ Pãrõkumu e Tõrãmũ Kẽhíri, *Antes o mundo não existia*: *mitologia dos antigos Desana-Kẽhíripõrã*, São João Batista do Rio Tiquié e São Gabriel da Cachoeira, UNIRT/FOIRN, 1995, p. 19.

▼ **Cenário 9 — Bacia do rio Uaupés, Amazônia**

uma encarnação encarnada em mim 81

Yebá Buró, para então efetivamente criar o mundo, antes precisava criar-se, transformar-se em si mesma. Para tanto, como ponto de partida para chegar ao que desejava vir a ser, era indispensável o auxílio de seis coisas misteriosas e basilares. Assim, para se transmutar no resultado do que sua imaginação construiu para si, era necessário que primeiro *se pensasse*, se idealizasse, e só então, tornando-se ela mesma por força de sua autocriação, isto é, concebendo-se, é que viria a de fato nascer. Uma mulher que nasce de si e só depois, *cumprindo-se*, sendo já uma mulher originada, põe-se a comer e a fumar tabaco, para só então começar a pensar o mundo e, consequentemente, a criá-lo:

> Havia coisas misteriosas para ela criar-se por si mesma. Havia seis coisas misteriosas: um banco de quartzo branco, uma forquilha para segurar o cigarro, uma cuia de ipadu [coca], o suporte desta cuia de ipadu, uma cuia de farinha de tapioca e o suporte desta cuia. Sobre estas coisas misteriosas é que ela se transformou por si mesma. Por isso, ela se chama a "Não Criada". Foi ela que pensou sobre o futuro mundo, sobre os futuros seres. Depois de ter aparecido, ela começou a pensar como deveria ser o mundo. No seu Quarto de Quartzo Branco, ela comeu ipadu, fumou o cigarro e se pôs a pensar como deveria ser o mundo.[67]

Os mitos desana de criação começaram a ser colhidos e registrados em texto em 1968 por Tõrãmũ Kêhíri (Luiz Lana) a partir dos relatos orais de seu pai, Umusĩ Pãrõkumu (Firmiano Arantes Lana) —, ambos pertencentes ao grupo de descendência Kêhíripõrã ou "Filhos (dos Desenhos) do Sonho" —, em língua desana, o tukano, e só foram publicados pela primeira vez em

---

[67] Umusĩ Pãrõkumu e Tõrãmũ Kêhíri, *Antes o mundo não existia, op. cit.*, p. 19.

uma encarnação encarnada em mim

1980, no livro *Antes o mundo não existia*. Luiz Lana revela que não utilizou um gravador — muito embora essas histórias estivessem havia décadas sendo registradas por terceiros que primeiro utilizavam um gravador e em seguida as transcreviam —, mas um caderno e um lápis.

Stella, na altura da criação de seu *Falatório* (Reino, Mundo), quando indagada sobre sua trajetória, numa conversa que deriva do tema da *sobrevivência*, disse antes não ter uma matéria; também estava próxima dos 50 anos, mas se considerava uma mulher velha, para na sequência alegar que começou a existir com *quinhentos milhões e quinhentos mil anos* — (...) *Logo duma vez já velha/ eu não nasci criança não nasci já velha/ depois é que eu virei criança* (...).[68] Em outro momento dos registros de caráter espontâneo do *Falatório*, ao passo que Stella narra o surgimento do mundo, apresenta que o que existia no começo de tudo eram os gases e utiliza a mesma acepção que deu ao conceito de tempo, (...) *Se anda no ar no espaço vazio e no tempo e nos gases/ como ar espaço vazio tempo e gases* (...),[69] narrando assim sua desintegração e reintegração. Ela afirma também — a partir do extratempo que rege esse moto-contínuo em que se deu seu nascimento, ou renascimento reverso, isto é, sua concepção primeva e sua autoconcepção — que sobreviveu *do nada*:

> (...) *Eu não sou da casa/ eu não sou da família/ não sou do mundo/ não sou de nenhuma das cabeças/ e de nenhum dos corpos/ não sou do mundo/ não sou da família/ não sou da casa/ não sou de nenhuma das cabeças/ e de nenhum dos corpos/ não sou do ar do espaço vazio do tempo e dos gases/ se anda no ar no espaço vazio e no tempo e nos gases/ como ar e espaço vazio e*

---

[68]   Stella do Patrocínio, ACG [02 só presto...], 10'35".
[69]   *Ibidem*, 03'21".

*tempo e gases/ não como forma humana matéria humana/ e car-
ne humana pesada (...).*[70]

Depois de comer e fumar — (...) *Só presto pra comer beber
e fumar (...)*[71] — depois de pensar bastante, e tendo acabado, ela
mesma, de *se nascer*, Yebá Buró precisava dar continuidade à tarefa que se deu de fabular o mundo, missão que faria com que o
mundo *acontecesse* — somente sua imaginação o materializaria
em Universo: (...) *Se fosse como eu queria/ eu não queria ver
ninguém no mundo/ não queria ver ninguém na casa/ queria tá
toda hora comendo bebendo e fumando/ assim é que eu queria
que fosse o meu gosto (...).*[72] E, sendo e não sendo mãe, mas avó
do mundo, Avó de um Filho Mundo, talvez Mãe de um Neto ainda
não nascido, enfim, depois de pari-lo, ainda precisaria batizá-lo,
proclamá-lo, dar um nome a este Mundo (ou Reino) que, assim
como ela, também surgiria no ar como uma aparição, um meio de
transporte que chegaria para engolir a escuridão:

> Enquanto ela estava pensando no seu Quarto de Quartzo Branco,
> começou a se levantar algo, como se fosse um balão e, em cima
> dele, apareceu uma espécie de torre. Isso aconteceu com o seu
> pensamento. O balão, enquanto estava se levantando, envolveu
> a escuridão, de maneira que esta toda ficou dentro dele. O balão
> era o mundo. Não havia ainda luz. Só no quarto dela, no Quarto
> de Quartzo Branco, havia luz. Tendo feito isto, ela chamou o ba-
> lão Ʉmukowi'i, "Maloca do Universo".[73]

---

[70] *Idem*, ACG [02 só presto...], 03'00".
[71] *Ibidem*, 00'04".
[72] *Idem*, ACG [01 Peço, em acesso...], 19'08".
[73] Umusĩ Pãrõkumu e Tõrãmʉ Kẽhíri, *Antes o mundo não existia, op. cit.*, p. 20.

Em seguida, o terceiro pensamento que ocorreu a Yebá Buró foi o de que o seu Mundo, seu Filho Mundo, sua *ideia-mundo*, um mundo que recebeu esse nome e que parece ser feminino — Maloca do Universo —, precisava ser povoado. A primeira coisa que fez para começar a imaginar as pessoas que colocaria em seu mundo, para que talvez daí nascesse enfim o seu Neto, ou os seus irmãos, foi voltar a mascar o ipadu e a fumar tabaco:

Ela tirou então o ipadu da boca e o fez transformar-se em homens, os "Avôs do Mundo" (Umukoñehkũsuma). Eles eram Trovões. Esses Trovões eram chamados em conjunto Uhtãbohowerimahsã, quer dizer os "Homens de Quartzo Branco", porque eles são eternos, eles não são como nós. (...) Em seguida, ela saudou os homens por ela criados, chamando-os Umukosurã, isto é, "Irmãos do Mundo". Isto é, os saudou como se fossem os seus irmãos. Eles responderam, chamando-a Umukosurãñehkõ, "Tataravó do Mundo", quer dizer que ela era avó de todo ser que existe no mundo.[74]

Assim, Yebá criou a humanidade, e só depois de gerar um Demiurgo da Terra, seu bisneto, é que as mulheres surgiram, espontaneamente, também como aparições que brotaram, em forma de riquezas, dentro da Maloca do Universo. Logo depois, criou o Sol (Abe), a partir de um bastão de penas e enfeites luminosos; logo após, a Terra, a partir de sementes de tabaco e do leite que jorrava de seus seios. Por fim, criou as línguas e as distribuiu aos povos. Paralelizando a Maloca do Universo de Yebá com o *Falatório* de Stella, percebo que, ao conceber o seu mundo, isto é, o próprio mundo em que Stella se concebe, ela imagina, fabula a coexistência de vários mundos, e não um mundo uno, porque parece ima-

---

[74] *Ibidem.*

uma encarnação encarnada em mim

ginar pela perspectiva extratemporal. No entanto, é fato que os mundos que Stella imagina dentro do mundo são, ironicamente, permeados somente de seres humanos e animais, e a existência se divide apenas entre vida, morte e uma espécie de terreno intermediário que ela não chega a nomear. De modo algum darwinista, ela põe em conexão os seres humanos e os animais por uma única porta — a morte —, como se caminhassem inevitavelmente de um estágio a outro, encurtando o ciclo da vida. O ciclo ela enxerga na medida em que o constrói, como força de atuação em sua própria vida. Ela diz: (...) *Primeiro veio o mundo dos vivos/ depois do entre a vida e a morte/ depois dos mortos/ depois dos bichos e dos animais* (...);[75] e arremata, como última fala desse canto: (...) *Você fica à vontade como bicho como animal* (...).[76]

Parece-me que isso expõe o modo como Stella entende a *plenitude*, a maneira como imagina e almeja essa espécie de *integridade* inexperienciável do ser a partir de seu ponto de vista de mulher pobre encarcerada racialmente e na indigência como bicho — (...) *Eu sou indigente indiferente* (...) —;[77] um corpo negro brasileiro cuja subjetividade individual e coletiva fora fundamentada na aniquilação, um sujeito despedaçado do qual se exige e ao qual se impõe o silêncio e a passividade. Mas Stella, sujeito ativo — (...) *Eu tenho que enfrentar a violência a brutalidade a grosseria/ e a luta/ pelo pão de cada dia* (...)[78] —, é voz que se autopublica, porque quando fala se proclama, se instaura e se restaura pelo sentimento poético no tempo de duração de sua própria voz, reverberando a si mesma e fazendo reverberar sua raça escravizada na tentativa (e efeito) de reerguer essa subjetividade individual e coletiva por meio da voz. Ela explicita para denunciar, e denun-

---

[75]   Stella do Patrocínio, ACG [04 Me ensinaram...], 18'22".
[76]   *Ibidem*, 18'32".
[77]   *Idem*, ACG [02 só presto...], 03'40".
[78]   *Idem*, ACG [04 Me ensinaram...], 20'22".

cia para reivindicar que só *está* à vontade no mundo sendo o que *foi* desde sempre, ou o que *passou* a ser ou *voltou* a ser: bichos, animais. Também isso corrobora outras falas do *Falatório*; numa delas Stella menciona o modo como fora iniciada nos modos de ser e de estar pelo viés da bestialidade, cuja direção fora criada e determinada por forças e vozes externas — o Estado, a família, o hospital psiquiátrico, instituições arbitrarizadas na desigualdade do sistema social que atuaram na sequestração e na estripação de seu arbítrio: (...) *Me ensinaram a morder chupar roer lamber e dar dentadas* (...).[79] Porque Stella transita, a despeito da diagnose de sua saúde mental, pelo excesso de razão, afirmando um modo de tentar compreender seu ser nos estados pregressos experienciados por ela, numa conversa sobre o ciclo da vida: (...) *Alguém vai comer igual eu comia cocô/ passava cocô na cara e no corpo todo?* (...).[80]

Num preâmbulo breve antes de seguirmos para o próximo cenário, é importante registrar que, no curso do *Falatório*, nota-se a repetição de falas inteiras de Stella, fazendo breves adaptações quando um canto guarda semelhanças com o universo temático de outro canto em específico. Entretanto, como não disponho de informações precisas sobre a cronologia em que foram feitos os quatro registros em áudio que são o *corpus* deste ensaio, é complexo afirmar qual canto ascende ou descende de outro canto, dado que me fez tomar essas repetições de falas como *refrões*. Para exemplificar o primeiro refrão que desejo analisar, esclareço que usei como base a ordem em que os áudios me chegaram, enviados por Carla Guagliardi. Os arquivos chegaram nomeados e hierarquizados do seguinte modo: [01 Peço em acesso...], que tomei logicamente como Áudio 1; [01 só presto...], que tomei como Áudio 2; [01 Stella... tem mais de 12 anos], que tomei

---

[79] *Ibidem*, 00'01".
[80] *Idem*, ACG [01 Peço, em acesso...], 22'49".

uma encarnação encarnada em mim   87

como Áudio 3; e [02 Me ensinaram...], que tomei como Áudio 4. Desse modo, e pelo fato de que o final do Áudio 1 não parece seguir uma linearidade condizente com o começo do Áudio 2, e assim sucessivamente, antes de transcrever cada um dos áudios, estabeleci uma nova numeração, já anunciada e apontada ao longo deste ensaio. Assim, reitero, para título de arquivamento, que poderá servir de fonte para pesquisadores no futuro, que trabalhei com os arquivos de áudio e texto renomeados de acordo com a seguinte nomenclatura do acervo: **[01 Peço em acesso...]**, **[02 só presto...]**, **[03 Stella... tem mais de 12 anos]** e **[04 Me ensinaram...]**. Assim, a fala que se manifesta depois de um corte de gravação no exato primeiro segundo do áudio [01 Peço em acesso...] marca aquela que considero a primeira fala do *Falatório*, isto é, o primeiro canto, que transcrevo linearmente abaixo, respeitando as inflexões e pausas como procedimento de corte das falas deste canto:

> *(...) Peço/ em acesso/ falei muito falei demais falei tudo que tinha que falar/ declarei expliquei esclareci tudo/ disse que quando o sol penetra no dia/ dá dias de sol muito bonito muito belo/ can [tei] (...)*[81]

Esse canto I do *Falatório* me parece marcadamente simbolizar um procedimento comum aos ritos de travessia das cerimônias de encantação das religiões afro-brasileiras, e aqui dissertarei a partir da umbanda, religião, estima-se que em parte, originada no final do século XIX no estado em que nasci, o Rio de Janeiro, e que irmana elementos espíritas e bantos sob diversos tipos de influência (católica, indigenista, esoterismo etc.). Falo de "pedir Agô". No *Houaiss*, Agô (Àgò), do iorubá, é o "pedido de li-

---

[81] *Ibidem*, 0'00".

cença para movimentos de entrada, saída, passagem etc.".[82] Isto é, pedir permissão aos guias espirituais e aos que estão atuando em determinada faixa de vibração ou corrente para tudo que se é realizado dentro de uma casa ou terreiro. Ao pedir Agô, o Eu (Ori) permite a assistência das entidades espirituais (à falange, dos falangeiros) para estar em acordo com a Lei de Pemba (Grafia Sagrada dos Orixás) e de Xangô (Justiça Divina, orixá da sabedoria), sinalizando ao Plano Espiritual que passa a estar cedida sua passividade do transe mediúnico, pedindo também proteção para a realização das liturgias de "entrada, saída e passagem". Assim, "pedir em acesso", independentemente da cronologia estabelecida por mim ou por Carla Guagliardi, e até mesmo por Viviane Mosé no trato com os arquivos em áudio, independentemente do momento exato em que essas falas saltaram da boca de Stella, me parece um pedido de licença.

Nesse caso, soa como um pedido de licença para um movimento de saída, de despedida. Stella já sugeria com isso certo cansaço ocasionado pelo excesso de fala, mas pede licença para se despedir momentaneamente do *Falatório*, despedir-se de certo modo de sua voz enunciada em determinados momentos de gravação, uma voz que se devota e se empenha na fala com essa simples finalidade. No entanto, evidencia uma pista: é fato que esse não foi o primeiro registro de gravação; esse canto parece esclarecer a continuidade de uma conversa que já se prolongava e que, portanto, ocasionou o cansaço. Todavia, saber com precisão esse detalhe de cronologia não é de meu interesse porque não altera esta análise, que me desperta pelo viés do Agô. Pois bem, desse canto de licença eu extraio o primeiro refrão, que é: (...) *Quando o sol penetra no dia dá um dia de sol muito bonito muito belo* (...). Isso reaparece novamente na minutagem 22'12" do áudio

▼ **Refrões**

---

[82] *Dicionário Houaiss*: agô.

[04 Me ensinaram...] como fala final de um canto que, por sua vez, se inicia na minutagem 21'25" e põe em cena, espontaneamente, pensamentos de Stella sobre a tecnologia — em virtude, acredito, da presença do gravador e da desconfiança que parece despertar nela. Esse tema, depois de muito elucubrar a respeito, é retomado, mais diretamente, em forma de curiosidade, na minutagem 25'08" desse mesmo áudio.

O segundo refrão — (...) *Eu já falei em excesso/ em acesso/ muito demais/ declarei expliquei esclareci tudo/ falei tudo que tinha que falar/ não tenho mais assunto mais conversa fiada/ eu falei tudo/ num tenho uma voz pra cantar/ também porque eu já cantei tudo que tinha que cantar* (...)[83] —, em que Stella, mais uma vez, espontaneamente, aporta o *tema da licença* — mas, aqui, mobiliza o *acesso* para dentro do *excesso*, realizando outra operação também comum a ela: enfileirar palavras homófonas no jorro do *Falatório*, talvez tentando estabelecer a *rima*. Movendo, assim, o pedido de licença (acesso) para dentro do cansaço (excesso), Stella continua se despedindo e traz mais um tema, o *tema do cansaço*, ocasionando, em consequência, um terceiro refrão para esse canto. Trata-se do (...) *declarei expliquei esclareci tudo/ falei tudo que tinha que falar* (...), no qual enfileira palavras sinônimas, mas não homófonas. Reiterando a voz que fala, a voz que fala da fala, a voz que inclusive refala para não deixar dúvidas de que se empenhou na tarefa de falar, isto é, a metafala, ela tenta acionar uma metavoz hipotética e poética, mas descobre assim o *tema da fala* em paralelo com o *tema do canto*. O tema do canto surge como uma espécie de refrão diluído — importa aqui que Stella se refere mais uma vez à sua *fala* como sendo seu *canto*, também colocando sua *voz* em evidência. Transcrevo linearmente,

---

[83] Stella do Patrocínio, ACG [04 Me ensinaram...], 23'48".

conforme o procedimento citado anteriormente, outro trecho espontâneo do *Falatório* que corrobora a tese dos refrões:

(...) *Eu já falei em excesso/ em acesso/ muito demais/ declarei expliquei esclareci tudo/ falei tudo que tinha que falar/ não tenho mais assunto mais conversa fiada/ eu falei tudo/ num tenho uma voz pra cantar/ também porque eu já cantei tudo que tinha que cantar/ eu cresci engordei tô forte/ tô mais forte que um casal que a família que o exército que o mundo que a casa/ sou a mais velha do que todos da família (...).*[84]

Portanto, o *cantei*, a fala final do canto I, retorna para a segunda *estância* — prefiro adotar o uso de *estrofe* para grupo de versos escritos; para Stella uso *estância* porque relaciono fala a lugar, à propriedade, visto que a voz sai do corpo, e, sendo o corpo presença, voz também é presença, ainda que onda sonora que se esvai no ar —, e Stella estabelece o *falar* como sinônimo de *cantar*, o que parece expor a consciência do sentimento poético que sentia em relação ao seu *Falatório*, ou que adquiriu por meio da interlocução dos áudios. Assim, na medida em que desencobre o *tema da voz*, para Stella, a voz é o agente do canto; de maneira contraditória, sua fala, seu canto, também são classificados por ela mesma como *conversa* — e aqui se expõe a importância da interlocução como demanda pela sua voz —, ainda que menosprezando essa troca por vezes cansativa, nomeando-a como *conversa fiada*.

Logo adiante, nesse mesmo áudio [04 Me ensinaram...], numa estância minerada — minerada porque a interlocutora extrai/desvia o assunto; a *mineração* será tratada no capítulo três — que se segue a esta (24'32"), a interlocutora tenta contornar esse tema

---

[84] *Idem*, ACG [04 Me ensinaram...], 23'48".

uma encarnação encarnada em mim

da licença e do cansaço, ensejando o canto (pela referência musical) para que Stella permaneça. A interlocutora pede:

"Canta uma música para mim."

Stella diz: "Não, tô cansada de tanto falar, não posso mais cantar."

"Então fala uma poesia."

"Também não, não tenho lembrança mais de poesia mais nenhuma", responde Stella.

"Então faz uma poesia."

"Eu não tenho mais lembrança de poesia", responde Stella, mal-humorada.

"Mas tudo que você fala é poesia."

"É história que eu tô contando, anedota", termina Stella, destituindo mais uma vez sua fala de poeticidade.

Revelando seu *Falatório* como anedota, Stella encena a particularidade, a curiosidade, a desimportância que envolve tudo que ela fala, sobretudo para si mesma, e se coloca como personagem e aciona o historicismo, historicizando-se.

Retornando ao *tema do cansaço*; dessa vez, não o cansaço que Stella alega sentir pelo excesso de fala, mas o cansaço pela privação da existência cronificada no contexto da instituição manicomial: (...) *Sinto muita sede muito sono muita preguiça muito cansaço* (...),[85] um minirrefrão que já foi mencionado aqui e que ressurge para se reiterar, conforme fez Stella: (...) *Eu passo sempre muita fome sinto sede sono frio preguiça e cansaço* (...).[86] Quando perguntada sobre o fato de, em determinando momento de um dos registros do *Falatório*, estar sentada em frente a uma parede e não querer se levantar dali para ver outras coisas na parte externa do Núcleo Teixeira Brandão, Stella acessa o cansaço pela relação que guarda com o desinteresse e responde que não quer

---

[85] *Idem*, ACG [02 só presto...], 9'00".
[86] *Idem*, ACG [04 Me ensinaram...], 09'27".

uma encarnação encarnada em mim

ir "porque não me interessa não tenho interesse nenhum nem me preocupo, não tenho preocupação nenhuma".[87] Então a interlocutora pergunta: "Você perdeu o gosto?", e Stella fala, a partir dessa mineração, apontando agora o cansaço e o consequente desinteresse como origem de um sentimento mais profundo do desgosto: (...) *Perdi o gosto o prazer o desejo a vontade o querer* (...).[88] Quando fala da inação, expõe a renúncia a que está sujeito e imerso seu cotidiano no asilo manicomial: (...) *Só presto pra comer beber e fumar* (...),[89] outro minirrefrão reentoado ao longo do *Falatório*. Conforme já foi e ainda será muito exemplificado neste ensaio, Stella relaciona o cansaço com a renúncia à vida.

Frantz Fanon, ainda recém-formado, escreveu também sobre esse tema do cansaço em todas essas relações pontuadas por Stella, mas da perspectiva do corpo clínico, alegando ser esses refrões ditos universais dos pacientes psiquiátricos. O texto circulou em um dos editoriais do jornal interno e semanal do hospital de Saint-Alban, no sul da França, durante sua residência em psiquiatria, em 1952, orientado por François Tosquelles a partir de suas proposições no campo da reforma psiquiátrica. Esse editorial, publicado no número 127 do *Trait D'Union* [Traço de união] no dia 19 de dezembro, dirigia-se aos médicos do hospital, mas, em sentido macro, à sociedade, visando a que o cuidado e o trabalho se estendessem de uma ponta à outra da instituição e caminhassem em direção à desinstitucionalização, por meio da inserção de atividades no contexto inerte da alienação, segundo a perspectiva política de Tosquelles e de Fanon no campo da saúde mental e da desalienação. O editorial funciona como uma espécie de diário de campo e demonstra a horizontalidade do pensamento de Fanon,

---

[87] *Ibidem*, 04'05".
[88] *Ibidem*, 04'19".
[89] *Idem*, ACG [02 só presto...], 00'04".

uma encarnação encarnada em mim 93

que, ao falar dos médicos, parece falar dos pacientes, realizando uma crítica ampla à instituição:

> Em qualquer conversa com um paciente, com frequência ouvimos frases ou expressões como: "Estou cansado, nada mais me apetece, estou farto, tenho preguiça... Se dependesse de mim, ficaria o tempo todo na cama. Falar me cansa. Queria poder ficar num canto sem me mexer." Outras vezes nada disso é dito, mas será que não conhecemos, em qualquer serviço clínico, mulheres e homens que sempre ficam isolados, não falam com ninguém e parecem pessoas para quem qualquer esforço, qualquer palavra, qualquer gesto representa uma montanha a ser removida? (...) Se nos perguntarmos, veremos que tudo isso decorre de uma renúncia. (...) Viver não é somente comer e beber ou, pelo menos, é comer e beber depois de muitas outras coisas. Quem renuncia não quer nada além de comer e beber; quem renuncia totalmente não quer nem mesmo comer ou beber.[90]

Emergindo no cenário vindouro, tomo a liberdade de cartografar Stella também em uma casa de umbanda, na linha de trabalho dos pretos velhos — dentro das Sete Linhas Sagradas da Umbanda, Fé, Lei, Amor, Conhecimento, Justiça, Evolução, Geração —, que descende da sexta linha, a Linha da Evolução, também chamada de Linha das Almas, regida pelos orixás Obaluaiê,[91] isto é, o Dono do Mundo/Dono da Vida, que rege, cura e, portanto, guarda a vida e afasta a morte, e sua mãe, Nanã Buruku,[92] a Iyabá (Mãe Rainha) que rege a chuva, os brejos e as águas profundas e pantanosas, e quem, por guardar a sabedoria dos espíritos an-

---

[90] Frantz Fanon, *Alienação e liberdade*, São Paulo, Ubu, 2020, pp. 261-262.
[91] *Dicionário Houaiss*: Obaluaiê, "1. (etimologia) segundo Cacciatore, do ior. *babalu-aye*, de *baba* 'pai' + *olu* 'dono' + *aye* 'mundo', 'vida'".
[92] *Dicionário Houaiss*: Nanã Buruku, "1. (etimologia) de Nanã: uma das línguas africanas do ramo Kwa, na qual a raiz *na* significa 'mãe'".

cestrais, guarda o mundo dos mortos, conforme o cavalo, citado anteriormente. Nanã costuma ser figurada como sendo a avó, a anciã, que, como mãe do Dono do Mundo, aqui neste ensaio pode ser alocada como Yebá Buró, a Avó/Mãe do Mundo da cosmogonia Desana. Na umbanda, a alma é o espírito encarnado, e Nanã é a orixá responsável por controlar e encaminhar os pórticos da encarnação/reencarnação (vida), a entrada dos encarnados e os pórticos do desencarne (morte). É ela quem guarda o atravessamento entre a vida e a morte, o ato *continuum* da vida que resvala na morte; ela rege o *envelhecer*. Assim, como Nanã transita na lama trazida pelas águas das chuvas, rege os vapores, os gases, a decantação dos líquidos, separando as impurezas e trazendo, portanto, a purificação/pureza do espírito, a calmaria; traz também a candura, o lento *discernir*, tão bem ilustrado pelos compositores baianos Mateus Aleluia e Dadinho na música "Cordeiro de Nanã", gravada no segundo disco de sua banda, Os Tincoãs, de nome homônimo e lançado em 1977 pela RCA: *Meu cantar/ Vibram as forças que sustentam meu viver/ Meu cantar/ É um apelo que eu faço a Nãnaê* (...).[93] Esse canto que simboliza o renascimento a partir do canto, isto é, o canto como liberação da dor, da dor ancestral, uma busca contínua pela liberdade, também pode ser analisado como um Vissungo de Louvação[94] dos escravizados, na medida em que protagoniza o papel da ancestralidade na cultura banta, reafirmando a religiosidade reprimida do povo banto no Brasil em contato imposto pelo catolicismo branco.

Dito isso, agora escrevo para enfim ver, numa casa de umbanda do Rio de Janeiro, a entidade preta velha — isto é, Nanã, ou o Preto Velho, Obaluaê — encarnada em Stella do Patrocínio, corpo vivo negro presente, em interlocução com os espíritos an-

---

[93] Os Tincoãs, Cordeiro de Nanã, *Os Tincoãs*, RCA, 1977, faixa 11, 2 min 56 s.
[94] Segundo classificação de Aires da Mata Machado Filho, *O negro e o garimpo em Minas Gerais*, Belo Horizonte, Itatiaia, 1986.

cestrais, que recebe a preta velha e serve a ela como seu cavalo, possibilitando o transe mediúnico; sentada num toco, ela fuma seu cachimbo e bebe marafo para, corporificada, decantar as águas paradas das demandas que lhe chegam das mulheres que estão ali para se consultar. Entra a interlocutora e pergunta para Stella: "Se tivesse um tipo de trabalho pra você fazer, o quê que você escolheria?" Ao que ela responde: (...) *Comer beber e fumar* (...).[95] Os pretos velhos simbolizam os escravizados que, em vida, desfrutaram de vigor físico tão pungente que lhes permitiu sobreviver ao trabalho excessivo e à desmesurada violência a que eram submetidos e assim adiar a morte; o vigor psíquico também era uma das características dos cativos que, por conseguirem elevar-se por sobre uma vida inteira de desacato, submissão, cerceada de justiça e dos mínimos direitos, alcançaram a força espiritual. E por isso são conselheiros, e por isso são bons ouvintes; também são bons conversadores, bons faladores, de fala cândida e conciliadora. Stella diz, espontaneamente, mudando um rumo de outra conversa, (...) *Eu queria ser boazinha* (...),[96] ao que a entrevistadora pergunta "O que é isso?", e Stella retruca: (...) *Ser boa sempre poder fazer o bem/ como eu vejo outras pessoas fazendo o bem pra mim/ elas fazem o bem pra mim/ me fazem tão bem que eu não sei como agradecer/ não sei nem como agradecer de tão bem que elas fazem pra mim/ eu não sei nem como agradecer/ não tem nem como agradecer/ de tão bem que elas me tratam/ e fazem o bem pra mim* (...).[97] Uma segunda entrevistadora pergunta: "Quem são essas pessoas?" Stella responde: (...) *Essas pessoas são os anjos da guarda/ anjo bom e anjo mau mas/ são os anjo bom e os anjo mau/ que me fazem o bem/ anjo da guarda* (...).[98] Em suma,

---

[95] Stella do Patrocínio, ACG [02 só presto...], 9'33".
[96] *Idem*, ACG [01 Peço, em acesso...], 16'10".
[97] *Ibidem*, 16'17".
[98] *Ibidem*, 16'50".

os pretos velhos e as pretas velhas representam a conversão direta do trabalho forçado em aprendizado espiritual. Por isso, são a sacralização do arquétipo da velha sábia ou do velho sábio africano, e me parece até de pouca utilidade dizer que, paralelizando o cenário de acordo com a disposição mobiliária, a casa de umbanda é o hospital, a cadeira/mesa é um toco de madeira, o cajado é o gravador, as entrevistadoras são suas consulentes e o cachimbo é um maço de Hollywood ou de Continental, a partir da revelação do hábito e gosto de fumar da própria Stella: (...) *Então cê traz mesmo maço de cigarro caixa de fósforo, tá?/ Qual cigarro que cê vai trazer? De filtro, Hollywood. Se não tiver Hollywood é Continental. Continental não é de filtro não* (...).[99]

Adicionando mais uma camada a essa cena, puxo a casa de umbanda, isto é, o hospital psiquiátrico — neste caso, diferentemente de uma casa de cura, isto é, a escrupulosidade religiosa como antídoto, o hospício aparece na contramão da cura, representando o veneno —, para relacioná-lo com os cativeiros à época da escravidão. Não mais a Stella profeta, mas a paciente, cliente, interna da colônia — a negra escravizada cativa do descaso do Estado e da instituição psiquiátrica, que, apesar do trabalho iniciado por Nise da Silveira, à época ainda engatinhava nas discussões sobre saúde mental —, faz uma crítica à instituição psiquiátrica e afirma sofrer maus-tratos, denunciando: (...) *Quem sofre sou eu/ quem passa mal sou eu* (...).[100] Ao que a interlocutora pergunta: "Você passa muito mal?" Stella responde: (...) *Passo mal/ porque eu tomo constantemente injeções aqui nos* [incompreensível, parece ser "nos frontais"]/ *injeções para homem/ e o líquido desce* (...).[101] A interlocutora pergunta então quem é que lhe aplica essas injeções, e Stella

---

[99] *Idem*, ACG [04 Me ensinaram...], 27'00".
[100] *Idem*, ACG [03 Stella... tem mais de 12 anos], 10'11".
[101] *Ibidem*, 10'18".

uma encarnação encarnada em mim

responde: (...) *O invisível/ o polícia secreta/ o sem cor* (...).[102] Mais adiante na conversa, a entrevistadora pergunta: "No dia que você parar de tomar essas injeções você fica curada?" Stella responde: (...) *Fico/completamente curada/ se eu não tomar remédio não tomar injeção não tomar eletrochoque* (...).[103] Noutro momento do *Falatório*, mas em conversa com a mesma interlocutora que aparece neste, Stella traz uma fala afirmativa e preponderante, algo que já seria suficiente para me autorizar a encená-la junto à entidade preta velha, esmiuçada aqui. Ela muda o tema da conversa que vinha sendo travada e proclama, elevando o tom de voz, como se fizesse uma revelação e atravessasse sua consulente/entrevistadora com uma mensagem de outros planos astrais, diretamente do Trono da Evolução: (...) *Ô Nelly eu já disse que eu sou escrava do tempo do cativeiro/ fui do tempo da tua bisavó da tua avó da tua mãe/ agora eu sou do teu tempo* (...).[104] Essas linhas de fala de Stella dialogam com o poema "Vozes-mulheres",[105] da escritora e poeta mineira Conceição Evaristo, no qual o substantivo *eco* aparece também como verbo, no tempo verbal do passado (ecoou) e do presente (ecoa), formando um borbulhão de vozes atracadas num ato contínuo de *recolha* e ressonância dessas vozes irmanadas — *a voz de minha bisavó, a voz de minha avó, a minha voz, a voz de minha filha que recolhe todas as vozes, a voz de minha filha que recolhe em si* — que conflagram a experiência histórica do corpo-voz negro silenciado e violentado no curso de três gerações de mulheres:

---

[102] *Ibidem*, 10'31".
[103] *Ibidem*, 11'13".
[104] *Idem*, ACG [04 Me ensinaram...], 14'29".
[105] Conceição Evaristo, *Poemas da recordação e outros movimentos*, Belo Horizonte, Nandyala, 2008, pp. 10-11.

Vozes-Mulheres

A voz de minha bisavó
ecoou criança
nos porões do navio.
Ecoou lamentos
de uma infância perdida.

A voz de minha avó
ecoou obediência
aos brancos-donos de tudo.

A voz de minha mãe
ecoou baixinho revolta
no fundo das cozinhas alheias
debaixo das trouxas
roupagens sujas dos brancos
pelo caminho empoeirado
rumo à favela.

A minha voz ainda
ecoa versos perplexos
com rimas de sangue
    e
      fome.

A voz de minha filha
recolhe todas as nossas vozes
recolhe em si
as vozes mudas caladas
engasgadas nas gargantas.

A voz de minha filha
recolhe em si
a fala e o ato.
O ontem — o hoje — o agora.
Na voz de minha filha
se fará ouvir a ressonância
O eco da vida-liberdade.

Recuando à garganta de Stella — que *falou* para denunciar, três décadas antes, as mesmas constatações históricas que Evaristo *escreveu* —, percebo que há ainda outras duas camadas no tom de voz de Stella: permanece o tom da revelação, do apelo, da invocação, de chamar atenção para sua fala, mas entra um primeiro subtom, que é o de confidência/questionamento. É o que Stella confidencia a Nelly na medida em que indaga, nas entrelinhas, sua condição inalterada de vida; já no segundo subtom, fica clara a denúncia que Stella traz a Nelly, revelando-se uma pessoa perpétua e infinitamente escravizada, de ascendência ancestral escravizada, que nunca deixou de ser o que estava fadada a ser como mulher negra, pobre e interna de um hospital psiquiátrico. A resposta de Nelly, no entanto, é flagrante: "Todo mundo é escravo do tempo. Não é só você, todos nós somos." Mas Stella, em tom indignado, pois sabe que está diante de uma mulher branca, capta o desvio de assunto, ou melhor, essa resposta que omite e conspurca os fatos históricos: (...) *Do tempo do cativeiro?* (...).[106] Também gosto de transitar pela possibilidade de que a primeira fala desse canto não seja só uma revelação — (...) *Ô Nelly eu já disse que eu sou escrava do tempo do cativeiro* (...) —, na qual entraria ao fim um ponto de interrogação, mas uma reiteração, como quem diz que já cansou de falar que é *escrava do tempo do*

---

[106] Stella do Patrocínio, ACG [04 Me ensinaram...], 14'51".

cativeiro. Por fim, a passagem do tempo, a passagem do tempo incapaz de alterar os fatos, pontua a escravização de seus antepassados, a escravização que está em sua origem, seu nascimento e seu destino em vida, como cativa de um hospital psiquiátrico. Portanto, no extratempo que Stella habita com tanta propriedade, ainda pontua as etapas dessa passagem inútil de tempo como se imaginasse ou tentasse reerguer a árvore genealógica de onde deriva; ou, ainda, como se delineasse a árvore genealógica de si mesma e, consequentemente, do negro no Brasil, saudando assim a linha dos pretos velhos — *Adorê as almas!*[107] —, dizendo: *eu sou*, eu *fui* e *agora sou* [escrava]. Ou seja, como quem afirma à entrevistadora: eu vivi em cativeiro, convivi com pelo menos três gerações anteriores à sua, possivelmente em cativeiro, e agora convivo com você, aqui neste cativeiro. Ao fazer essa declaração, uma fala crítica e dirigida do *Falatório*, Stella também se coloca como um depósito de almas, como um cemitério de sua genealogia, e passa a ser a filha, a mãe, a avó, a bisavó e a tataravó do mundo, de seu Reino.

Ainda segundo o *Teogonia*, do poeta Hesíodo, das algumas dezenas de filhos que teve Gaia, a mãe terra grega e romana, Tifão, seu caçula, é a besta-fera fabulosa que gerou com Tártaro, deus pré-olímpico que habita o submundo, e que representa a individuação[108] do subterrâneo mais profundo. Foi parido com o intuito de corporificar mais uma das vinganças de Gaia, a derradeira, para tentar derrotar Zeus, seu neto mais poderoso, e destroná-lo.

---

[107] "Salve as almas!", ponto de preto velho na umbanda, intitulado "Adorê as almas": *Adorê as almas/ As almas me atenderam/ Eram as santas almas/ lá do Cruzeiro.*

[108] Com "individuação", refiro-me à singularidade e, ao mesmo tempo, sobrevoo o conceito de Carl Jung sobre o processo de tomada de consciência a partir da individualidade, que aqui aplico a Stella. Não à toa, a "pedra filosofal" (*lapis philosophorum*), mercurial, isto é, a matéria-prima desintegrada (morte), retornada à sua elementaridade, representa o retorno (ressureição) a uma esfera (plano) superior.

▼ Cenário 5 – Grécia Antiga

uma encarnação encarnada em mim

Tifão foi o mais temido dos mortais e imortais, cujo corpo físico era descomunal e reunia uma centena de cabeças de cobra, e dessas cabeças jorravam vozes, grunhidos, vozes humanas e algumas vozes de animais:

> Mas depois que Zeus expulsou os Titãs do céu,
> pariu Tifeu, o filho mais novo, a portentosa Terra
> em amor por Tártaro através da dourada Afrodite:
> dele, os braços façanhas seguram sobre a energia,
> e são incansáveis os pés do deus brutal; de seus ombros
> havia cem cabeças de cobra, brutal serpente,
> movendo escuras línguas; de seus olhos,
> nas cabeças prodigiosas, fogo sob as celhas luzia,
> e de toda cabeça fogo queimava ao fixar o olhar.
> Vozes havia em toda cabeça assombrosa,
> som de todo tipo emitindo, ilimitado: ora
> soavam como se para deuses entenderem, ora
> voz de touro guincho-alto, ímpeto incontido, altivo,
> ora, por sua vez, a de leão de insolente ânimo,
> ora semelhante a cachorrinhos, assombro de se ouvir,
> ora sibilava, e, abaixo, grandes montanhas ecoavam.[109]

Assim, Tifão, tendo vindo ao mundo com a missão de acabar de uma vez por todas com a raça de seu sobrinho-primo em segundo grau — Zeus (Júpiter) era filho de Cronos, que por sua vez era fruto de um casamento anterior de Gaia, com Urano, que também era seu filho, e com quem gerou, além de Cronos, seus dodecagêmeos, os titãs — e desagravar a nebulosa linha sucessória de sua vasta e longínqua genealogia, foi escalado pela matriarca absoluta para subir o monte Olimpo com a finalidade de apavorar e destruir

---

[109] Hesíodo, *Teogonia, op. cit.*, versos 820-835, p. 89.

o panteão. No caminho que escalou para o Olimpo, Tifão trovejava, e as vozes de suas cobras formavam, no borbulhão, uma única voz, que aqui ouso chamar de *voz sísmica*, a voz que enunciava, física, geográfica e sonoramente, a destruição. Por causa dessa voz, os doze deuses montanhosos puderam se adiantar à chegada de Tifão, e, antecipados, trataram de se metamorfosear em bichos e animais e zarparam para o norte da África, o que conhecemos hoje como Antigo Egito. O curioso é que a grande maioria dos olímpicos tenha escolhido adquirir a forma de animais terrestres, sobretudo mamíferos, com exceção de dois, que se tornaram aves — Apolo (Febo) e, claro, Hermes (Mercúrio).

> Conta que Tifeu, saído das entranhas da terra,
> assustou os habitantes dos céus, e que todos fugiram,
> até que, cansados, os recebeu a região do Egito e o Nilo,
> que se divide em sete embocaduras;
> Conta ainda que Tifeu, saído das entranhas da terra, foi até lá
> e que os deuses se disfarçaram sob aparências falsas.
> "Júpiter", diz ela, "fez-se passar por pastor de rebanhos. Daí que,
> ainda hoje, o líbio Amon seja representado com recurvos cornos;
> o deus de Delos mudou-se num corvo; em bode, o filho de Sêmele;
> a irmã de Febo, em gata; numa vaca branca se mudou a Satúrnia,
> Vênus ocultou-se em pez, o deus de Cilene, nas penas de um íbis."[110]

Hermes, o deus nascido sob o monte Cilene, ligeiro chegou ao Egito pelo céu, pilotando e sendo pilotado por um íbis, ave egípcia aquática, corcunda, pernalta e de bico alongado, bastante semelhante a uma cegonha, ave migratória africana que representa a fertilidade e a imortalidade. O culto à divindade grega Hermes é um dos mais longevos da Grécia Antiga por estar associado à pro-

▼ Mensageiros

---

[110] Ovídio, *Metamorfoses, op. cit.*, p. 291.

uma encarnação encarnada em mim   103

fecia, à inventividade e às magias, áreas associadas à fabulação, ao simbolismo e à memória. Assim, seu mito está associado aos caminhos que só se abrem por meio de viagens, deslocamentos, intercâmbio de informações, ideias e mercadorias. Não à toa, seu pai, Zeus, lhe imbuiu de um ofício delicado, demandador de muitas habilidades, sobretudo a asseveração e a lábia: o mensageiro dos deuses, cuja tarefa era a de estabelecer e mediar a comunicação entre eles e, posteriormente, entre os deuses e os homens. Em decorrência de suas habilidades de comunicação inter e extrapessoal, é claro que Hermes é quem guarda os políticos, os ladrões, os comerciantes, os diplomatas e os músicos, pois, ainda menino, e pobre, matou uma vaca e, ao despelá-la, aplicou sua pele sobre a ossada perdida e a esticou; das tripas dessa mesma vaca improvisou cordas, e estava pronta a lira; meteu-se em uma confusão com Apolo, que não convém relatar aqui, mas, para sair daqueles maus lençóis, fez uma pequena apresentação musical usando a lira que acabara de inventar. Apolo, mergulhado em fascínio, queria ter aquele instrumento para si, e ofereceu ao ambicioso Hermes tudo o que ele mais desejava: prestígio, fama, reputação. A plenos pulmões, Hermes inspirou a inspiração, deu o sopro inicial e determinante no instrumento divino de Apolo e, dando-lhe entusiasmo, ensejou a arte musical e a arte poética.

Se posso sonhar ainda mais neste ensaio, quero imaginar que Hermes, de todas as divindades greco-romanas, talvez tenha sido o que primeiro compreendeu a voz, não só como faculdade da fala, mas como uma espécie de *intralinguagem*, um sistema intradérmico de construção da escuta de si, que nasce no interior do corpo físico e que, só após ser lentamente acolhido, elaborado e, enfim, compreendido, pode ser enviado ao exterior em forma de ondas sonoras potentes e capazes de engendrar ouvidos e corações: um bom falante, que fala bem porque se escuta profundamente, e assim se arremata e enfim se anseia porque anseia a própria voz, consegue tudo o que anseia. Mas, para além do negociante sagaz, do orador eloquente, de ser um domador da palavra falada, um atravessador oficial de informações, um porta-voz de notícias importantes, era essencialmente um profeta, um anunciador das vontades divinas, e talvez esse ofício seja o que concentra todas as suas habilidades; por isso também é possível adivinhá-lo, localizá-lo no *extratempo*, manejando modos entre os tempos, à medida que maneja situações e desígnios e estabelece pontes astrais e mundanas por meio da palavra — não é isso que também faz um poeta? É isso que faz Stella do Patrocínio; e, sendo esse profeta--carteiro, que igualmente encarna a magia e os mistérios ao passo que faz a palavra circular sem bloqueios terrestres ou aéreos, graças ao seu estabelecido trânsito entre mundos, Hermes era quem conduzia as almas desencarnadas no longo atravessamento para o mundo dos mortos, o Hades, ou Reino dos Mortos, como nos diz Stella.

Porém, esse grande orquestrador, ao chegar à mitologia romana e tornar-se Mercúrio, aproximou-se do Sol, mas passou a comandar apenas negociações comerciais, tornando-se um portador e, do ponto de vista rural, um pastor exímio; talvez isso se deva ao domínio do império romano sobre o grego e o florescimento de outra próspera e predominante civilização, mas é fato que Mercúrio incorporou atividades mais mesquinhas, tornando-se um mero facilitador de lucros, um menino de recados, que vez ou outra levava informações importantes a Júpiter (Zeus), mas que, na maior parte do tempo, guardava as vendas, estimulava o comércio — ou seja, um ladrão de galinhas, um publicitário dos nossos tempos. Dizia-se ser de grande inteligência, mas desconfio que de Hermes só herdou o carisma e a celeridade. O fato é que o prestígio e o cânone só chegaram para Mercúrio quando foi parar no Sistema Solar e enfim deu nome a um planeta anão, esturricado, vizinho de porta do Sol. Ovídio,

uma encarnação encarnada em mim   105

no entanto, tenta elevar a reputação do deus Mercúrio no Livro I das *Metamorfoses*, e o figura como uma espécie de encantado, encantado que encanta, uma espécie de poeta-pastor que inebria — humanos, divindades, bovídeos — por meio da contação de histórias, de palavras envoltas no som da flauta, e por meio desta é o criador de uma melodia até então inédita, e que assim conseque empreender o feito de conduzir os cem olhos de Argo ao limite do adormecimento e da morte:

> Chama o filho
> Que a brilhante plêiade lhe deu e ordena-lhe que dê morte a Argo.
> Foi o tempo de pôr as asas nos pés, pegar,
> com sua mão poderosa, na varinha do sono e no galero.
> Feito isto, lá do alto da morada paterna, o filho de Júpiter
> demanda a terra. Aí, tira o chapéu e depõe as asas.
> Mantém apenas o caduceu. Enquanto avança, por campos escusos
> guia, qual pastor, as cabras que com ele trouxera,
> e toca a flauta que construíra. Cativado pelo novo som,
> o pastor de Juno diz: "Ora tu, quem quer que tu sejas,
> podias sentar-te comigo neste penedo.
> Não há para o rebanho erva melhor em outro lugar,
> nem acharás sombra mais própria para pastores."
> O neto de Atlas sentou-se e, com longas histórias,
> entreteve o tempo que passa com o encanto da palavra
> e, tocando flauta, tenta vencer os olhos vigilantes.
> Mas Argo luta para vencer a doçura do sono,
> e embora o torpor se insinuasse numa parte dos olhos,
> a outra vigia. E quer saber (pois a flauta
> acabara de ser inventada) a razão por que fora feita.[111]

---

[111] *Ibidem*, pp. 92-93.

106   **uma encarnação encarnada em mim**

Antes disso, e logo depois de Hermes chegar ao norte da África como íbis, causou tão boa impressão na região do Nilo que conseguiu produzir memória farta no Egito Antigo, sendo em seguida incorporado ao panteão zoomórfico da mitologia egípcia com os rapapés que lhe eram de direito, isto é, foi merecidamente promovido a deus da sabedoria, o Tot, corpo humano, cabeça de íbis, que guardava ainda a magia ancestral, mas é claro que também outras novidades, como a escrita. Tot tinha vários empregos: era escritor, chegou a publicar alguns livros revelando os mistérios do universo; escrivão do mundo dos mortos, pois dominava os segredos divinos; bibliotecário dos deuses, e talvez de todas as divindades egípcias tenha sido o grande leitor. Era de humanas, mas também manjava matemática, física e astronomia. Era um grande conselheiro e oráculo, também um mandingueiro profissional, criou a vida após a morte, isto é, a vida contínua, porque, entre outras, tinha livre circulação no reino de Anúbis, que por sua vez herdara esta tarefa de Hermes: era também Anúbis quem fazia o atravessamento das almas desencarnadas para o mundo dos mortos para habitarem sua então nova e antiga pós-vida.

Assim, peço licença a Ifá, a força vital do destino, para voltar-me mais uma vez a um preceito da cosmogonia patrociniana para exemplificar que, em Stella, a voz nos diz muito sobre raça, é negra, e sobre gênero, é feminina primordial, e está em permanente transformação — como nos diz Cavarero, "sintomaticamente, a ordem simbólica que identifica o masculino com o racional e o feminino com o corpóreo é a mesma que privilegia o semântico em relação ao vocálico".[112] Por estar em permanente transformação, invoca os desígnios de Exu — porque no princípio era Exu, no princípio era a voz. Exu (a força), das fibras insondáveis do mistério, convoca a fala, a escuta, as ações e as sensações, e desse modo responde a um as-

---

[112] Adriana Cavarero, *Vozes plurais*, op. cit., p. 20.

pecto relacional entre corpo e palavra. Porque Exu é o corpo em voz alta, em constante acontecimento, atuando e sendo atuado por um tempo espiralado na convergência dos caminhos. Assim, o corpo transforma o espaço em memória, intermitentemente, ao passo que *é* essa memória em transmutação, corporificada e em movimento. Por isso exu é uma força vital que, ao encruzilhar voz e palavra, isto é, corpo e palavra, gera o estado vibratório: o batimento do coração (existência), a pulsação desse corpo vivo (ressonância), a trepidação do sistema respiratório e nervoso no ato da fala (o cíclico). Voz é entorno (memória) e retorno (dádiva) das ondas sonoras em negociação e acordo com a fisicalidade do mundo (nomeação), mas que extrapola a matéria, a *forma humana e carnal* de que nos fala Stella, para comunicar-se, acima de tudo, com o invisível e injustificável, mas contemplativo, o mundo espiritual. É o que nos conta a voz em Exu, porque a voz em exu é *ser*, ser a própria experiência em iniciação, diluição, finalização contínua.

Voz é sopro vital, e Exu é a substância que fundamenta a existência.[113] Por isso, ao ouvir Stella com o ouvido em Exu, percebo que o *Falatório* — palavra manifestada na fisicalidade, oralidade como um caminho a ser percorrido de maneira recorrente no *Àiyé*[114] — extrapola o que se pode compreender como sua origem (razão) para, cavalgando a psique, chegar ao mundo espiritual, ao sobrenatural, ao Órun.[115] Assim, passo a localizar o *Falatório* na precedência mesma do ato da fala — pois passa a ser palavra fecundada (encantamento) no corpo em direção a um destino (ser), conciliando dois mundos, dois polos, ou mais. Por isso retomo, enfim, o preceito da cosmogonia patrociniana para exemplificar a maneira como Stella pontua o surgimento do mundo, dos mun-

---

[113] Cf. Luiz Rufino, *Pedagogia das encruzilhadas, op. cit.*, p. 23.
[114] Na cultura iorubá, o mundo físico; também pode ser representado como a Terra, terras.
[115] Na cultura iorubá, o mundo espiritual; também pode ser representado como o Céu, céus.

dos, de acordo com a cultura iorubá das religiões afrodiaspóricas, e, entre esses dois polos — Àiyé, Órun —, insere um terceiro, intermediário: (...) *Primeiro veio o mundo dos vivos/ Depois do entre a vida e a morte/ Depois dos mortos/ Depois dos bichos e dos animais* (...).[116]

Esse mundo do *entre*, da travessia, é o mundo guardado e — se é que Exu tem morada — habitado por Exu (orixá), porta-voz e intérprete entre humanos e divindades, o atravessador. Por isso, Exu comanda e testemunha o corpo físico dos seres e rege a cura das enfermidades (demandas), habitando em trânsito o ato primeiro da manifestação da matéria (nascimento) e o último ato da decomposição da matéria (desencarne, morte), isto é, o *entre* dos caminhos, que por sua vez é também caminho em si; o equilíbrio entre os limites que balizam essa ação mútua de realidades, as inter-realidades como territórios de força; a cruza de elementos, energias e polos, isto é, a encruzilhada. É justamente em algum fragmento desse *entre*, a partir da encruzilhada, que Stella fala. Fala e *encarna* — sua voz devolve forma ao seu corpo, porque deste é gênese, é grão; fala e *desencarna* — seu corpo retorna por meio da voz, que é presença e movimento.

Por isso, e pelo simples ato de falar que presentifica sua fala e fixa o *Falatório*, Stella instaura seu corpo no espaço da instituição, reinstaura seu corpo no mundo, e recupera seu sujeito do cárcere institucional, que é sobretudo um cárcere racial (enclausuramento e desvio do ser)[117] do colonialismo. Desse modo, Stella proclama o *Falatório* na tentativa de desinstitucionalizar seu sujeito para, primeiramente, reconstituir sua existência e, em seguida, pôr sua existência em movimento por meio da fala. A audição e a escuta do *Falatório* só podem ocorrer nesse *entre*, onde os conhecimentos do *extratempo* germinam em Stella em forma de saber

---

[116] Stella do Patrocínio, ACG [04 Me ensinaram...], 18'22".
[117] Luiz Rufino, *Pedagogia das encruzilhadas*, op. cit., p. 11.

uma encarnação encarnada em mim 109

numa espécie de arrebatamento exusíaco de autocriação; falar-se, narrar-se por meio do sentimento poético para criar-se, e aí então encaminhar e encontrar novas condições de existência e de vida; criação de si e do mundo conforme nos ensinou, pela cosmogonia desana, a avó do mundo, Yebá Buró. Também por isso o *Falatório* é um reino pelo qual o ouvinte não passa, mas comparece; é um reino que se enuncia e por isso exige a presença e demanda a voz, como resposta, de quem a ele comparece; afinal, sua matéria primeira é a presença instaurada de sua geradora — duelando com a morte, desafiando o silenciamento e a decomposição — a partir de uma cartilha encruzilhada na unicidade de Stella.

Portanto, ainda com Exu, reavejo uma das estâncias mais críticas do *Falatório,* na qual Stella discute a transfiguração por meio da tentativa e do efeito de nomeação, ainda que provisória, em ocorrência contínua. A nomeação não se relaciona apenas ao ato de zoomorfizar-se, pois já discutimos amplamente aqui o que Stella entende como destino do ser e de seu sujeito — a bestialidade, a irracionalidade —, o que leva ao desprezo que alega sentir pelos bichos e animais — (...) *Eu não gosto de bicho não gosto de animal* (...).[118] Por sua vez, talvez seja o modo como se avista e se figura no cárcere (também racial) de uma instituição psiquiátrica — (...) *Se não tiver tratamento/ como fica/ vira bicho também vira animal/ se não tiver tratamento* (...)[119] —, a nomeação a partir do que ela identifica como desintegração, o insulamento em um fim, isto é, a morte. Nessa estância, o que me parece mais pujante é o endereçamento que Stella do Patrocínio faz à calunga banta, entidade relacionada ao inferno, à abissalidade e à morte, que representa enfim a própria entidade-morte; a calunga habita um reino indizível porque insondável das águas profundas primordiais onde reina o breu (caos), ou

---

[118] Stella do Patrocínio, ACG [01 Peço, em acesso...], 02'26".
[119] *Ibidem*, 15'47".

seja, em calunga, não há nomeação: é o pré-ser que constitui as forças anteriores ao ser, é o nada, o espaço sem tempo. Mesmo assim, Stella parece nomear-se a partir do nada porque se transforma no ato de sua fala pela voz, recriando-se e criando memória na medida em que se reenuncia:

> (...) *Meu nome verdadeiro é caixão enterro/ cemitério defunto cadáver esqueleto humano asilo de velhos/ hospital de tudo quanto é doença/ hospício/ mundo dos bichos e dos animais/ os animais: dinossauro camelo onça tigre leão/ dinossauro macacos e girafas tartarugas / reino dos bichos e dos animais é o meu nome (...).*[120]

Contorno essa ponderação sobre a morte e a provisória finitude que recorre infinitamente ao pré-ser que habita o espaço sem tempo para me voltar ao *extratempo* de Stella, isto é, o tempo como frequência de muitos espaços, ou seja, os lados em relação a um centro. Assim, para visitar essa instância anterior à desintegração, é importante pontuar aqui a existência da dúvida, da oscilação, característica essencial quando se tenta compreender Exu e a malandragem com que essa força vital se apropria na condução e no encaminhamento de falas e discursos. Um de seus mitos, presente na cultura iorubá, conforme nos reconta José Beniste,[121] diz que, nos momentos em que Orunmilá (Ifá), a divindade oracular, o orixá da profecia, visitava A Terra (Àiyé), ele era indagado por orixás, humanos e animais sobre qual seria a maneira correta de proceder, pois o mundo ainda não tinha uma organização definida. Em certa ocasião, Exu, tendo uma função de diplomata e porta-voz, lhe propôs que fizesse a cada um uma pergunta simples que resultasse numa resposta direta. Orunmilá conversou

---

[120] *Idem*, ACG [02 só presto...], 13'27".
[121] José Beniste, *Mitos yorubás*, Rio de Janeiro, Bertrand Brasil, 2006, pp. 147-149.

uma encarnação encarnada em mim 111

com diversos animais — uma galinha-d'angola, uma cabra, um cavalo — e perguntou se aceitariam viver com uma corda em volta do pescoço. As respostas variaram e determinaram se certos animais teriam uma condição domesticada ou selvagem. Até que, depois de percorrer as espécies, chegou ao Homem e perguntou: "Homem, você escolhe a vida do lado de dentro ou do lado de fora de casa?" Respondendo "do lado de dentro", tornou-se também um animal domesticado. De súbito, resolveu usar a mesma questão com Exu, já que o orixá acompanhou todo o percurso-questionário de Orunmilá fazendo provocações e ensejando desvios. Exu, que atuava na mediação dos modos de vida alheios, ficou surpreso e respondeu: "Prefiro viver do lado de fora." Depois de perceber seu erro, tentou remendar: "É o contrário, do lado de dentro." Orunmilá então vaticinou: "Foi você que propôs uma resposta direta (...); portanto, devo aceitar as primeiras palavras que saíram de sua boca. Daqui em diante, você viverá para sempre do lado de fora." Esse mito elucida por que Exu é representado como a sentinela — das cidades, das casas de santo, das residências, dos mercados — das religiões iorubá, fato que explica também o costume de lhe pedirem licença, ou agô, como já vimos anteriormente.

Portanto, prossigo na tentativa de entornar Stella por Exu — e, por que não, trazer a Bombonjira, cigana de fé, o exu feminino, mas a pombajira na versão do *profundis* da criação divina, a caveira cismada, divagante, a desencarnada que sonha e deseja —, tomando a encruzilhada também como figuração do entroncamento dos caminhos que levam a uma rua hipotética, *ao lado de fora* (mundo/morte) em oposição *ao lado de dentro* (subjetividade/vida), pois uma de suas (Exu) traquinagens prediletas se dá no encantamento da dúvida.[122] Reunindo essas duas sentinelas em seu polo à esquerda do cosmo (e da gira), investigo agora Stella pelo *lado de fora*, como

---

[122] Luiz Rufino, *Pedagogia das encruzilhadas, op. cit.*, p. 35.

ela mesma gostava de pontuar, de acordo com esse que é um dos mitos relacionados a Exu na tentação de afirmar que ele está presente não só em todos os estágios dos ciclos vitais, como também se espraia por todos os espaços; assim, Exu está em cada ato e em cada rito; mas já refaço essa afirmação para adiantar que não, Exu não está presente em tudo — ele *é* o que conhecemos como a própria noção de *presença*, presença iluminada nas frestas. E o que melhor define a voz é a noção de presença. Assim, retomo o questionamento de Orunmilá que o fez determinar *os modos de vida* dos seres no Àiyé para trazer a fala de Stella explicando a vida e o seu modo de vida *do lado de dentro* (subjetividade/vida) e *do lado de fora* (mundo/morte) do cárcere psiquiátrico, ressaltando que, nesse *entre* os dois lados, reside também a dúvida, na qual se erigem as inter-realidades e a encruzilhada como a soma de decisões e possibilidades de real, novamente territórios guardados por Exu. É também na dúvida que se erige a maneira como Stella, a partir de uma aparente resignação, explicita suas tomadas de consciência e suas narrativas de fuga, de escape do real e da sua realidade na instituição asilar, isto é, o modo como Stella se projeta nesse *entre*, como a pombajira desencarnada que sonha e deseja.

A seguir, podemos observar a clareza com que todos esses movimentos, instâncias, tempos e modos aparecem na voz de Stella do Patrocínio quando, espontânea e curiosamente, ela se manifesta depois de ouvir a música "Comida", dos Titãs, que tocava numa rádio ao fundo do galpão onde se davam as gravações:

(...) É a vida, né?/ a vida a gente tem que aceitar como a vida é/ não como a gente quer, né?/ se fosse como eu queria/ eu não queria ver ninguém no mundo/ eu não queria ver ninguém na casa/ queria tá toda hora comendo bebendo e fumando/ assim é que eu queria que fosse o meu gosto/ mas como eu pulei muro despulei muro/ pulei portão despulei portão/ pulei lá de cima

uma encarnação encarnada em mim 113

*pro lado de fora/ do lado de fora pro lado de dentro/ quer dizer
que eu/ não é como eu gosto/ eu não esperava pular muro pular
portão/ pular janela despular janela* (...).[123]

Atenho-me às linhas-falas de número quatro e cinco da estância dois desse canto em que Stella torna claro seu desejo de modo de vida — (...) *Queria tá toda hora comendo bebendo fumando/ assim é que eu queria que fosse meu gosto* (...) — para tentar entender esse contraponto que ela faz com o aparente ensejo de uma fuga presente no dístico-fala da estância três — (...) *Mas como eu pulei despulei muro/ pulei portão despulei portão* (...) — e no dístico-fala da estância quatro — (...) *Pulei lá de cima pro lado de fora/ do lado de fora pro lado de dentro* (...). Num primeiro momento, resignada, Stella passa a fabular para enumerar subsequentemente sua vontade de vida na tentativa de dar outro curso à sua existência, uma existência mais exusíaca, ou dionisíaca, se é que há equiparação na Antiguidade grega, uma existência para fora de si e da instituição psiquiátrica, uma vida de prazeres alcançados por meio dos vícios e do escape tão comuns à experiência humana do corpo, quando a carne dança em festa ou em ócio, quando se tem o poder de decisão, o arbítrio sobre o corpo, o deleite em oposição à vida no cárcere. Como o corpo negro de Stella é institucionalizado, manicomializado, seu desejo é o gozo. Gozo que ela opera pela voz: o *Falatório* presume e reitera esse desejo de gozo e liberação. Stella destina seu gozo pela voz e, falando de seu desejo de ser e de estar, alcança a liberação desse desejo pela voz.

Como sugere Calvino, a voz é o equivalente daquilo que a pessoa única possui de mais escondido e mais verdadeiro. Não se trata, porém, de um tesouro inatingível, de uma essência inefável, e,

---

[123] Stella do Patrocínio, ACG [01 Peço, em acesso...], 19'00".

muito menos, de uma espécie de núcleo secreto do eu, mas sim de uma vitalidade profunda do ser único que goza da sua autor-revelação por meio da emissão da voz.[124]

Do mesmo modo, o verbo *pular*, que aparece junto dos substantivos — por ordem, *muro*, *portão*, *janela* —, demonstra a consequência da situação asilar; o destino se deu pelo salto. A reivindicação do salto, o escape, que deveria reiterar a impossibilidade de vida além da instituição, aparece como *motivo*. Entretanto, Stella situa-se na dúvida, na encruzilhada, quando fala (...) *eu não esperava pular muro pular portão/ pular janela despular janela* (...). Desconhecendo quase por completo os caminhos que levaram Stella ao não-ser de uma instituição psiquiátrica, mas compreendendo inteiramente seu cárcere racial, avisto que esse *pular*, esse descolar-se do chão, esse transpor-se que pressupõe energia — na cosmogonia iorubá, energia é axé, e axé é Exu, pois guarda os poderes vitais com os quais Olorun criou o universo —, entusiasmo, ânimo — e a *anima* como alma e psique atrelada ao inconsciente; também a *anima* de Jung —, denuncia todas as restrições e corrosões de sua subjetividade; denuncia parte do corpo descorporificado de Stella, o corpo sem gozo, o corpo que não se expande, encontra poucos modos de se expressar, em suma, o corpo enclausurado, regulado, cujas ideias e desejos conscientes são mais que desemergenciados, são apagados, isto é, um corpo vivo-morto. Um corpo que necessita todo o tempo encruzilhar-se para retomar o arbítrio de um eu partido.

Num outro momento do *Falatório*, agora no áudio [02 só presto...], Stella retoma as noções de *dentro* e *fora* atreladas à experiência de procriação, de dar luz a vidas, ainda que não seja possível compreender se fala de filhos ou da geração que fez de si

---

[124] Adriana Cavarero, *Vozes plurais*, *op. cit.*, pp. 18-19.

mesma, isto é, se fala de procriar ou de procriar-se, como noção de que deu à luz a si mesma ou se deu à luz algum outro ser, oriundo de seu corpo. Nesse momento, ela estabelece uma precisa relação do desejo com os atos de absorção e reabsorção do mundo a partir do corpo, como se a experiência de *parir* contasse mais sobre ela, Stella sujeito, do que sobre outros possíveis sujeitos derivativos de si mesma. Essas outras noções de *dentro* e *fora* são retomadas aqui para ensejar o momento em que a interlocutora se dirige a Stella da seguinte maneira: "Quais são os teus desejos?" Stella responde: (...) *Meu desejo é.../ crescer e multiplicar* (...).[125] A entrevistadora vai adiante e pergunta: "Você nunca teve filho?" Stella: (...) *Eu já botei tudo pra fora/ depois que eu botei tudo pra fora/ eu fui obrigada a botar tudo pra dentro/ e me ensinaram a ser rápida ligeira e ter velocidade* (...).[126] É interessante que, em resposta a uma pergunta sobre procriação, sobre seres em carne e osso, Stella alegue já ter "botado tudo pra fora" e que, depois disso, foi "obrigada a botar tudo pra dentro" novamente. A *obrigação* aqui pode se referir a inúmeras coisas: imposição de fazer um aborto — aborto de um bebê ou aborto de sua subjetividade; possibilidade de ter se visto na obrigação de recolher seu sujeito do mundo; outra possibilidade que diz respeito à mortificação de seu sujeito que, depois de criado, de nascido, passou a ter que *desnascer*, que se descriar. Persistindo ainda na hipótese do aborto, voluntário ou deliberado, a fala diz respeito ao fato de que Stella pode ter se visto obrigada a expurgar-se de um ser para reconstituir seu estar no mundo como uma mulher sem filhos ou de quem os filhos foram arrancados, e com isso teve de voltar a si.

Por fim, quando Stella diz que "me ensinaram a ser rápida ligeira e ter velocidade", ressalto a informação de que ela diz ter

---

[125]   Stella do Patrocínio, ACG [02 só presto...], 04'52".
[126]   *Ibidem*, 05'10".

sido *ensinada a ser* e compreendo sem surpresa que, ao relacioná-lo com o "fui obrigada", presume-se um alheio, não se sabe se sujeito ou mundo, que operou e comandou diversos aspectos do curso de sua vida. Mesmo assim, ela tenta ainda se recriar a partir desse modo imposto — rápida, ligeira e com velocidade —, ou seja, Stella *escapa*. A entrevistadora pergunta: "O que você tá botando pra dentro agora?" Stella diz, retomando a noção de absorção do mundo a partir da experiência do corpo e da intersubjetividade desdobrada na palavra, como vimos com Collot: (...) *O chocolate que eu botei pra dentro/ você que eu tô botando pra dentro/ a família toda que eu tô botando pra dentro/ o mundo que eu tô botando pra dentro/ de tanto olhar (...) de tanto enxergar olhar ver espiar/ sentir e notar/ tô botando tudo pra dentro/ porque botando pra dentro eu botei pra fora (...)*.[127] Em franca relação com o *fora,* Stella sabe que estabelece o seu *dentro* e tenta recuperar sua subjetividade fragmentada a partir de uma operação de refragmentação num curioso efeito bumerangue ilustrado pelo "porque botando pra dentro eu botei pra fora". Segundo Stella, pela visão e pelo tato, ela *bota pra dentro*, e pela voz, que sai da carne desse mesmo corpo, ela *bota pra fora*.

Na tentativa derradeira de cartografá-la nas esferas de Exu, no centro e nas margens de tudo que conhecemos como universo, nos meandros do **dentro** — (...) *Sinto muita sede muito sono muita preguiça muito cansaço (...)*[128] —, do **fora** — (...) *Fico na malandragem na vagabundagem como marginal/ e como malandra (...)*[129] — e do **entre** — (...) *Como marginal como malandra na malandragem/ na vagabundagem e na vadiagem como marginal (...)*[130] —, de todos os planos e reinos que possam existir

---

[127] *Ibidem,* 05'40".
[128] *Ibidem,* 09'00".
[129] *Ibidem,* 09'09".
[130] *Ibidem,* 09'16".

neste universo e além, eu os coloco lado a lado, em diálogo, encruzilhados — ou Exu encarnado em Stella; ou a força vital exu atuando como cavalo para a manifestação da profeta Stella; ou ainda Stella encarnada em si mesma, profetizando-se, transformando-se em seu *devir*, como este ensaio tenta propor —, e incorporo aqui uma das nuances da "índole" de Exu tão bem relatadas por Rufino quando diz:

> Como [Exu] brinca e se diverte com a nossa obsessão pelos esclarecimentos, pela verdade... opera nos vazios deixados por nossos próprios discursos. Exu, longe de ser palavra que salva, é a que encanta. (...) Senhor das astúcias, dos escapes, das esquivas, das antidisciplinas, da peça, da síncope, das rasuras, do viés, dos sucateios, festas e frestas. Inventa e recria mundos nos lampejos das imprevisibilidades cotidianas.[131]

Em essência, quando ouço Stella falando de si e falando do mundo — encantada e encantante, respectiva e inversamente — e quando tento falar de Stella a partir do que faz reverberar em mim as profundezas de seu *Falatório*, em que pude transitar pela escuta contínua e analítica, falo do sentimento poético relacionado (e por isso possibilitado) à energia criadora/geradora (Exu) e harmonizadora do caos (mundo, inconsciente) a partir da voz: da voz como som, do som na palavra, da voz no canto, como a poeta e a profeta, da voz na mensagem, como Exu, o emissário do *entre*, e de todas essas forças-vozes irmanadas que fazem com que Stella se *origine* em tempo contínuo e se espraie ainda no fluxo do *extratempo* no qual transita, corporificada, enquanto fala, e da fala enquanto trânsito possibilitado no *entre*. Essas forças-vozes possibilitam também que Stella nasça e renasça e estabeleça seu

---

[131] Luiz Rufino, *Pedagogia das encruzilhadas, op. cit.*, p. 35.

reino a partir do que *fala* — verbo encarnado — *desse reino* que carrega, perquirido, em si mesma.

Esse reino, o *Reino dos bichos e dos animais* que Stella do Patrocínio canta, narra e dá à luz em seu *Falatório*, guarda ainda inúmeros personagens, que se fazem presentes unicamente pela voz que ela lhes dá. Justo por isso, esses personagens-espectros que falam, andam e habitam certas instâncias e passagens do *Falatório* poderiam ser encenados, por exemplo, num centro de mesa branca. É assim que os enceno agora, neste novo cenário, a partir do entrelace de certos aspectos da doutrina do espiritismo de Allan Kardec com a umbanda. A mesa branca tem como base de energia vibratória quatro elementos da natureza: ar, terra, fogo e água. Assim, em torno de uma mesa — que aqui representa um item litúrgico indispensável — forrada com uma toalha branca, os médiuns se reúnem para trabalhar em favor dos obsessores, espíritos tribulados, perseguidos, que porventura se desviaram do caminho da luz e precisam tornar a acessá-lo, e os médiuns o fazem por meio do estabelecimento energético com seus guias espirituais. Acredita-se na reencarnação — pessoas e espíritos dividem-se em encarnados e desencarnados — e recorre-se também a outros métodos terapêuticos, doutrinas e práticas, como as medicinas alternativas, a cromoterapia, a astrologia. Numa reunião de mesa branca, há também leituras, conversas, palestras, orações em grupo, consultas, passes, limpezas espirituais, encaminhamento de demandas; a *fala* é o principal veículo de troca, cura e elevação espiritual.

Portanto circunscrevo aqui um dos principais estados (condições emocionais e mentais) trabalhados na mesa branca — a obsessão e a intervenção desta, a *desobsessão*, que consta em encaminhar esses espíritos sem luz, vulgarmente conhecidos como *encosto* — para trazer a este ensaio os personagens (pessoas

uma encarnação encarnada em mim 119

e espíritos) que sobrevoam, circundam, o *Falatório* e só se fazem presentes por meio da voz que Stella lhes terceiriza.

Essa terceirização de vozes ocorre da seguinte maneira: Stella, como narradora-personagem, usa sua própria voz como cavalo para as vozes desses seres, personagens que fabula, relembra, encaminhando-os para o curso do *Falatório*; ora como citação, ora em diálogo com pessoas que dividem o ambiente com ela, ora nomeando (e renomeando) pessoas que participaram de eventos de sua vida. Excetuam-se dessa terceirização, é claro, as interlocutoras diretas do *Falatório*, Nelly Gutmacher e Carla Guagliardi, que contracenam com Stella formando duplas, cada uma a sua vez; em certos momentos, o jogo de diálogo que se estabelece se assemelha ao de Vladimir e Estragon ou de Pozzo e Lucky na peça *Esperando Godot*, de Samuel Beckett, numa espécie de *Esperando (e Produzindo) Falatório*. Afinal, estão frente a frente e, da mesma forma, o cenário muda bem pouco; ora conversam sobre a mesa com cadeiras dentro do galpão de artes do Núcleo Teixeira Brandão (Ato I), ora estão ao ar livre (Ato II); numa dessas passagens do Ato II, Stella traz inclusive a árvore — único objeto cênico do texto de Beckett — para o diálogo: (...) *A realidade é essa folha esse banco essa terra essa árvore/ é esse prédio de dois andares/ é essas roupas estendidas na muralha* (...);[132] a mala pesada que Lucky carrega na peça e da qual não se desgruda, aqui, também pode ser lida como o gravador de voz.

Assim, por ordem de *aparição*, no áudio [01 Peço em acesso...], quem primeiro é citada é uma tal **Doutora Elizabeth**, provavelmente uma médica do corpo hospitalar, numa conversa em que Stella expõe o modo como enxerga o seu entorno. Minerada por Carla, que pergunta o que Stella vê, responde: (...) *Eu vejo o mundo a família/ mundo e a família/ a família que*

---

[132] Stella do Patrocínio, ACG [01 Peço, em acesso...], 29'12".

vive no mundo e vive na casa/ que tá sempre no mundo que tá sempre na casa/ e a Doutora Elizabeth disse pra mim assim e você queria ver mais do que isso pra quê?/ e você queria ver mais do que isso pra quê? (...)[133] Num segundo momento, Stella é interrompida e provocada por **Marília (ou Marli)**, outra interna do Núcleo Teixeira Brandão, que diz "Vamo jogá pedra, ó, eu sou Fluminense", ao que Stella responde: (...) *Não, não posso fazer movimento, Marília/ eu já sou velha/ não sou da idade das crianças mais não/ já sou velha (...).*[134] Como terceira aparição, surge então um personagem fantasmático, um vulto que, de certa maneira, manifesta a fé cristã popular que Stella alimenta pelos seres espirituais que são a representação das sentinelas do Deus católico que atuam como mensageiros entre Ele e os homens, os **Anjos Da Guarda** e sua legião. Stella, antes de nomeá-los, os apresenta como sendo pessoas, num canto em que fala sobre a bondade humana: (...) *Ser boa sempre poder fazer o bem/ como eu vejo outras pessoas fazendo o bem pra mim (...) Eu não sei nem como agradecer/ não tem nem como agradecer de tão bem que elas me tratam/ e fazem o bem pra mim (...).*[135] Perguntada sobre quem são essas pessoas, Stella diz: (...) *São os anjos da guarda/ anjo bom e anjo mau/ mas são os anjo bom e os anjo mau que me fazem o bem/ anjo da guarda (...).*[136] O penúltimo personagem desse áudio, recorrente no *Falatório*, é um vulto sem nome próprio que Stella relembra. Nomeia-o como **Um Homem**, recusando-se a revelar seu nome, se é que chegou a sabê-lo, se é que se refere a um só homem. O Um Homem aparece em situações que narram abusos sexuais — neste caso, uma tentativa de estupro. Quando Carla pergunta aonde Stella ia quando "pulava muro

---

[133] *Ibidem,* 05'17".
[134] *Ibidem,* 06'52".
[135] *Ibidem,* 16'17".
[136] *Ibidem,* 16'50".

pulava portão/ pulava janela despulava janela", a resposta parece narrar uma fuga, ao passo que conta como chegou à Colônia: (...) *Ia pro meio do mato/ e fiquei debaixo daquela duas pedreira ali/ tinha terra preta/ no chão/ um homem foi lá e disse deita aí no chão pra mim te foder/ eu disse não vou me embora daqui/ (...) Aí saí de lá vim andando/ ainda não tinha esse prédio/ não tinha essa portaria (...).*[137] Por fim, dessa vez é Stella quem interrompe a conversa para se dirigir a outra interna, **Gilda**, inserindo esse personagem na cena de gravação. Pareceria um evento banal, mas são raríssimas as vezes em que Stella se desconcentra do *Falatório* para interagir — nos registros, ela parece não se envolver com outras internas, não conversa, não troca, refuta aproximações. Ela diz: (...) *Gilda, me dá um pouco/ vem cá, Gilda* (...).[138]

Já no áudio [02 só presto...], há uma menor profusão de personagens, mas, entre eles, um bastante icônico, porque quimérico e aparece como a personificação de um sentimento acoplado a uma intenção — a maldade como prática, como reação e consequência de maus pensamentos, o gozo pela imaginação da malícia e da humilhação, que ultima a destruição alheia: ele recebe o nome de **Malezinho Prazeres**. Há, ainda, um preâmbulo para Malezinho Prazeres quando Stella revela: (...) *Eu tenho muito mau pensamento/ mas não sou eu que faço mau pensamento* (...).[139] Quando questionada sobre a suposta identidade da criatura responsável por "fazer esses maus pensamentos", ela responde (...) *Eu não sei quem é mas não sou eu que faço mau pensamento/ eu sei que não sou eu que faço mau pensamento* (...),[140] como se estivesse *possuída* pelo mal. Mais adiante, quando perguntada sobre qual é o medo que sente quando tem esses maus pensamentos,

---

[137] *Ibidem*, 20'00".
[138] *Ibidem*, 27'16".
[139] *Idem*, ACG [02 só presto...], 06'35".
[140] *Ibidem*, 06'41".

Stella alega: (...) *Que eu vire um cavalo ou um cachorro* (...)[141] —
a regressão pela maldade. Então, apaziguada pela interlocutora,
que media a eventual incidência e recorrência de maus pensamentos nos seres humanos, e que executa uma espécie de liberação por meio da fantasia aliada à privacidade inerente ao pensamento, afirma que ela pode pensar o que quiser. Stella enfim
confessa um de seus maus pensamentos, seu último *malezinho*:
(...) *Se eu rasgar aquela pesada no meio de meio a meio/ dé dé*
dé uma gambada no chão e na parede/ jogar fora/ no meio do
mato/ ou do outro lado de lá do muro/ é um Malezinho Praze-
res (...).[142] Numa segunda aparição, quem retorna é um suposto
homem, talvez o mesmo do áudio anterior, talvez outro, mas que
Stella nomeia agora como **O Homem Que Tirou Uma Foda**
Comigo. Quando induzida pela interlocutora a supor que tipo de
trabalho gostaria de ter e a responder que tipo de trabalho escolheria como seu ofício, Stella responde "comer beber e fumar"[143] e
alega ter aprendido esse *trabalho* à força, tendo sido iniciada
por um homem, desta vez estimo que narrando a ocasião em que
fora vítima de um estupro e como se imbuísse a esse criminoso a
consequência de sua vida inerte de abandono total: (...) *Foi o ho-*
mem que tirou uma foda comigo/ e teve relação sexual comigo/
que me mordeu chupou roeu lambeu deu dentada/ e só se fosse
na boca/ sem que eu menos esperasse (...).[144]

No áudio [03 Stella... tem mais de 12 anos], que registra uma
entrevista realizada por Nelly Gutmacher, a contracena que evoca Vladimir e Estragon em *Esperando Godot* fica mais evidencia-
da, pois se trata de perguntas mais objetivas sobre o passado de
Stella, isto é, o modo como chegou à colônia, o seu dia a dia na

---

[141] *Ibidem*, 07'24".
[142] *Ibidem*, 08'04".
[143] *Ibidem*, 09'33".
[144] *Ibidem*, 09'45".

instituição psiquiátrica. Ela é instigada também a nomear e mapear sua família, os ofícios que teve quando vivia em liberdade, sua formação escolar e algumas provocações sobre os temas do amor, casamento e procriação. Assim, de antemão, quando Stella começa a relembrar como chegou à colônia — não por acaso, nomear por "colônia" um hospital psiquiátrico é referência direta ao racismo propulsionado pelo pensamento colonizador, também colonizador de subjetividades, isto é, o ato de asilar em grupo e massivamente pessoas supostamente patologizadas, sobretudo negras e pobres, "colonos" da sociedade — e quem teriam sido os responsáveis por levá-la até lá, entram em cena uma tal de **Ana**, personagem enevoada que inflige patrulha a Stella — (...) *Foi quando a Ana/ essa que tava na vigilância aqui/* [fala incompreensível]/ *foi quando a Ana me descobriu que eu tava na rua* (...)[145] —, e um tal **Luís**, um amigo — (...) *Que eu tava na rua com o Luís/ eu nega preta criola/ Luís nego preto criolo ao meu lado* (...).[146] A partir daí, Stella narra-se caracterizada pelo *racismo epidérmico*[147] flagrante na conduta de Ana, enquanto Luís está envolto na narrativa intrincada que ela tenta reconstruir e organizar e que diz respeito, talvez, ao seu último evento em liberdade. A narrativa envolve muitos detalhes: a entrada num bar, uma Coca--Cola, um pão com salsicha, o fato de Luís ter se alimentado mas não ter lhe oferecido alimentação, uma perda de óculos. O pano de fundo é a praia de Botafogo, no bairro de Botafogo, Rio de Janeiro. Esses detalhes, por fim, acabam resumidos e elipsados por Stella da seguinte forma: (...) *Essa troca de ideia/ essa troca de sabedoria/ essa troca de esperteza/ de adiantamento/ de sabedoria/ de esperteza/ de adiantamento/ de sabedoria de esperteza*

---

[145] *Idem*, ACG [03 Stella... tem mais de 12 anos], 01'49".
[146] *Ibidem*, 02'02".
[147] Frantz Fanon, *Pele negra, máscaras brancas*, São Paulo, Ubu, 2020.

de adiantamento de ideia/ enquanto isso (...).[148] Ana é uma personagem que torna a aparecer em outro momento do *Falatório*, estabelecendo uma marcação de raça, mas esse trecho não está presente nos áudios a que tive acesso. Essas estâncias de fala a que me refiro[149] foram transcritas por Viviane Mosé e publicadas no livro *Reino dos bichos e dos animais é o meu nome* a partir de outro material em áudio, que este ensaio não investiga, conforme informação levantada por Anna Carolina Vicentini Zacharias.[150] A partir de sua pesquisa, soube que esse material em áudio se perdeu, mas sua transcrição consta em outro livro, intitulado *VERSOS, REVERSOS, pensamentos e algo mais...*, que não foi publicado, resultado do trabalho que Mônica Ribeiro de Souza fez com áudios que ela mesma gravara com Stella entre 1990 e 1991 e ao qual Viviane Mosé teve acesso.[151] Parte das imagens do livro citado também está disponível na pesquisa de Zacharias.

Ainda no áudio [03 Stella... tem mais de 12 anos], a terceira aparição é, novamente, de um personagem fantasmático, uma espécie de falange nomeada **O Invisível O Polícia Secreta O Sem Cor**, um vulto que *aparece* para praticar o mal a Stella, e o mal aqui é representado pelas injeções que Stella afirma tomar no hospital. O trecho também denuncia certas práticas proibidas, à altura da gravação do *Falatório*, às quais Stella alega ter sido

---

[148] Stella do Patrocínio, ACG [03 Stella... tem mais de 12 anos], 02'53".
[149] *Idem, Reino dos bichos e dos animais é o meu nome, op. cit.*, p. 66: "Eu sou Stella do Patrocínio/ Bem patrocinada/ Estou sentada numa cadeira/ Pegada numa mesa nega preta crioula/ Eu sou uma nega preta e crioula/ Que a Ana me disse."
[150] Anna Carolina Vicentini Zacharias, *Stella do Patrocínio: da internação involuntária à poesia brasileira, op. cit.*, p. 141.
[151] "Outra fonte [utilizada para constituir o livro de Mosé] foi o trabalho realizado em 1991 pela então estagiária Mônica Ribeiro, que, novamente a partir de uma iniciativa da psicóloga Denise Correia, transcreveu para o papel algumas falas de Stella, material que ficou arquivado no então Museu Nise da Silveira, hoje Museu Bispo do Rosário." Viviane Mosé, "Stela do Patrocínio — uma trajetória poética em uma instituição psiquiátrica", in: Stella do Patrocínio, *Reino dos bichos e dos animais é o meu nome, op. cit.*, pp. 25-26.

submetida, como o eletrochoque. Quando perguntada sobre quem é a pessoa que lhe aplica essas injeções, fala: *O invisível/ o polícia secreta/ o sem cor* (...),[152] injeções que ela afirma não ver nem sentir, mas que ocorrem (...) *todo instante, todo minuto toda hora* (...).[153] A entrevistadora, então, quer saber para que servem essas injeções, e Stella dispara: (...) *Pra forçar a ser doente mental* (...).[154] Aproveitando o ensejo, a entrevistadora retruca: "Quer dizer que são essas injeções que fazem com que você fique doente mental? No dia que você parar de tomar essas injeções você fica curada?" E Stella diz: (...) *Fico/ completamente curada/ se eu não tomar remédio não tomar injeção não tomar eletrochoque/ eu não fico carregada de veneno envenenada* (...).[155] A entrevistadora tenta investigar e pergunta, para confirmar, se ela toma eletrochoque — (...) *Eu tomei no pronto-socorro do Rio de Janeiro e continuo tomando aqui/ eles disseram que não dá mais, mas dá sim* (...).[156] O quarto personagem aparece como resposta à subsequente pergunta da entrevistadora a essa afirmação de Stella, isto é, quem seria a pessoa que lhe aplica esses eletrochoques: (...) *Os que trabalham com a falange falanginha falangeta/ os que trabalham com a voz ativa médio reflexiva/ repetindo*[157] *bem o que está falando* (...).[158] Aqui ocorre uma ultranomeação; afinal, esse personagem é nomeado por Stella a partir de dois tipos de associação, a partir dos ossos dos dedos e a partir das vozes verbais presentes na relação sujeito-verbo. Ou seja, esse personagem duplo, que pode ser resumido pelo nome **Os Que**

---

[152]   Stella do Patrocínio, ACG [03 Stella... tem mais de 12 anos], 10'31".
[153]   *Ibidem*, 10'50".
[154]   *Ibidem*, 10'59".
[155]   *Ibidem*, 11'13".
[156]   *Ibidem*, 11'24".
[157]   É possível que Stella tenha dito "refletindo" em vez de "repetindo", mas não consegui discernir.
[158]   *Ibidem*, 11'38".

Trabalham, parece atuar, executar suas tarefas, com as mãos: Os Que Trabalham manuseiam, manufaturam, aplicam o mal (as injeções, o eletrochoque) em Stella, o que também explica a *voz ativa*. Já a *voz reflexiva*, neste caso situada num espaçamento mediano, como que entre dois extremos, é de um sujeito não identificado, também fantasmagórico, mas sem nome, e talvez seja esse sujeito que repete o que é enunciado. É interessante, aqui, a nomenclatura fabulada por Stella para relacionar os nomes com uma parte do corpo — a mão que detém — e com a manifestação da voz, uma voz de ordem que executa uma tarefa alheia a ela e parece calar sua própria voz.

Por fim, no áudio [04 Me ensinaram...], os personagens aparecem como o próprio espectro de um nome, como pronomes pessoais do caso reto, em referência direta às pessoas de quem Stella fala antes de concretizá-las propriamente. É o caso do personagem **Eles**, logo no princípio da minutagem; o Eles surge em resposta a uma pergunta da entrevistadora — "E o quê que você tá fazendo aqui?" — a que Stella responde de maneira resumida: (...) *Eu mesma não sei o quê que eu tô fazendo* (...),[159] para em seguida começar a seguinte digressão: (...) *Que não sou eu que gosto de nascer/ eles é que me botam pra nascer todo dia* (...).[160] São Eles que, segundo ela, lhe dão à vida novamente, que andam atrás dela, (...) *E sempre que eu morro me ressuscitam* (...).[161] "Eles", ao que parece, diz respeito ao corpo médico e de enfermagem do Núcleo Teixeira Brandão, talvez ainda a outros internos, não é possível definir. Porém, enfim perguntada sobre quem seria esse tal de Eles, Stella responde (...) *Os fiscais os vigia/ tão no mundo e na casa me vigiando e me fiscalizando* (...),[162] apontando o

---

[159] Stella do Patrocínio, ACG [04 Me ensinaram...], 00'20".
[160] *Ibidem*, 00'23".
[161] *Ibidem*, 00'31".
[162] *Ibidem*, 01'07".

que não há como se confirmar pelo áudio: se se trata de seres-
-vultos, espectros ou pessoas de carne e osso — (...) *Aí o fiscal te
fiscalizando e fiscalizando/ um vigia/ chegou agora um vigia/
aí um vigia* (...).[163] O segundo personagem também aparece como
espectro de um nome; Stella a chama de **Ela**. Quando a entrevistadora pergunta o que ela [Stella] estava fazendo sentada ali (um
lugar que não se pode saber qual é, mas que, ao que tudo indica,
era em frente a uma parede), Stella responde: (...) *Eu tô aqui porque ela me tirou da cama/ quis que eu ficasse em pé e eu já tô
velha não posso ficar em pé/ quis que eu ficasse olhando pras
paredes pro mundo pra casa/ pra cara dos outros e pro corpo
dos outros/ me tirou da cama à força às pressas/ quis que eu
ficasse na cabeça dela e no corpo dela/ porque ela acha que eu tô
pensando alguma coisa pra ela poder pegar o pensamento pela
cabeça dela pelo corpo dela/ que eu tenho que pensar na cabeça
dela no corpo dela* (...).[164] Mas Stella não se refere a ninguém do
corpo médico do hospital, nem mesmo à interlocutora. Pela voz
que se ouve ao fundo, pude perceber que ela se refere a outra interna, **Marília (ou Marli)**, que já aparecera puxando assunto
com Stella no áudio [01 Peço em acesso...]. O curioso é que Stella
faz uma referência à primeira resposta dada a Marli naquele áudio — ligando a pessoa à memória que tem daquela pessoa e à
interlocução que estabelecera com esta — e diz, mais uma vez, que
está velha. A terceira aparição-personagem é uma menção, e me
parece ser, pelo tom de voz cândido, uma das poucas lembranças
afetuosas de Stella no registro, pois evoca nomes de pessoas com
as quais um dia conviveu. Esse personagem é formado por um
curioso grupo de pessoas — **Clarice Celeste Meritem Peru**

---

[163] *Ibidem*, 01'24".
[164] *Ibidem*, 02'19".

uma encarnação encarnada em mim

Sadia Adelaide[165] — que depois Stella esclarece ser os nomes dos "pacientes que moravam no Teixeira".[166]

Na sequência, outra ex-moradora do Teixeira, e último personagem a fazer uma ponta nesse áudio derradeiro do *Falatório*, é a **Prisci**, de quem Stella relembra voluntariamente e diz gostar porque "era muito boazinha". Prisci parece vir à memória por uma associação sonora com o nome Clarice: (...) *Um dia a Prisci veio aqui na portaria comigo/ eu disse assim pra Prisci/ Prisci, você tá precisando tomar um jeito que você tá ficando muito relaxada/ você relaxou esse ano demais* (...).[167] É ainda de acordo com a maneira com que a memória de Stella parece se relacionar com a saudosa Prisci — e os atos desta são muito semelhantes a de uma agente funerária ou de uma suposta despachante de corpos do extramundo — que, segundo a própria Stella, a Prisci (...) *teve gavetas de ferro/ me botou dentro de todas as gavetas de ferro/ e mandou encaminhar seguir viagem* (...).[168] Ao que a entrevistadora pergunta: "Pra onde?" As respostas de Stella nesse diálogo constituem um dos pontos mais luminosos do *Falatório*, porque sinalizam uma ausência de nomeação, num dos raros momentos em que ela parece dispor de um tipo de relaxamento diante da mediação da entrevistadora, e porque, ainda em seu habitual extratempo, parece narrar a lembrança de uma viagem ao inominável: *Pro mais longe possível.*

> "E aonde você foi parar?"
> *Fui parar no mais longe possível.*
> "E aí, quê que cê fez nesse mais longe possível?"
> *Continuei seguindo pro mais longe possível.*
> "E chegou?"
> *Cheguei e voltei.*

---

[165] *Ibidem*, 28'02".
[166] *Ibidem*, 28'08".
[167] *Ibidem*, 28'33".
[168] *Ibidem*, 28'57".

"Gostou desse lugar?"
Gostei.
"E o quê que tem lá nesse espaço?"
Não tem nada de mais.[169]

Me pareceu interessante delimitar e expor as características de todos esses personagens, atores coadjuvantes presentes no *Falatório*, e as linhas de fala que lhes foram atribuídas pela narradora-personagem, Stella protagonista, para só então chegar aos três grandes antagonistas desse reino: o *mundo*, a *casa* e a *família*. Tendo já discorrido amplamente sobre figurações de *mundo* no decorrer deste ensaio, que em Stella figuram também como o macronúcleo que de fato lhes representa — vale observar ainda que o *mundo*, ao contrário do que se possa presumir, não representa o *mundo exterior*. O mundo é a constituição total, de que faz parte Stella, também "o espaço vazio, o tempo e os gases" —, agora me concentro na *casa* como o médio núcleo, e na *família* como um micronúcleo.

Esses antagonistas, que também são temas, constituem os três termos de maior incidência nos áudios e, curiosamente, só aparecem reunidos num mesmo canto do *Falatório* em três ocasiões: quando Stella organiza os personagens-tema como bonecas russas — (...) *Eu vejo o mundo a família/ mundo e a família/ a família que vive no mundo/ e vive na casa que tá sempre no mundo/ que tá sempre na casa* (...);[170] quando anuncia, mais que um despertencimento social, um despertencimento da matéria, proclamando e reiterando uma ação tripla de geração-degeneração-regeneração de seu próprio gênese, isto é, Stella-átomo[171]

---

[169] *Ibidem*, 29'11".
[170] *Idem*, ACG [01 Peço, em acesso...], 5'07".
[171] *Dicionário Houaiss*: átomo, "1. Para os pensadores do atomismo, cada uma das partículas minúsculas, eternas e indivisíveis, que se combinam e desagregam movidas por forças mecânicas da natureza, determinando desta maneira as características de cada objeto".

— corpo humano que hesita, corpo celeste que paira —, a pedra filosofal anterior ao caos, e relaciona-se a uma preexistência iminente à própria existência do mundo — *Eu não sou da casa/ eu não sou da família/ não sou do mundo/ não sou de nenhuma das cabeças/ e de nenhum dos corpos/ não sou/ do mundo/ não sou da família/ não sou da casa/ não sou de nenhuma das cabeças/ e de nenhum dos corpos/ não sou do ar do espaço vazio do tempo e dos gases/ se anda no ar no espaço vazio e no tempo e nos gases/ como ar e espaço vazio e tempo e gases/ não como forma humana matéria humana/ e carne humana pesada* (...);[172] e quando sinaliza, voluntariamente, certa reconstituição física — a partir da geração e execução do *Falatório per se* — cujo desfecho é o recobro das forças operado a partir da fala, ou melhor, da *superfala* que dá origem ao seu renascimento, a nascida e gerada que passou do nulo aos superpoderes — (...) *Eu já falei em excesso/ em acesso/ muito demais/ declarei expliquei esclareci tudo/ falei tudo que tinha que falar/ não tenho mais assunto mais conversa fiada/ eu falei tudo/ num tenho uma voz pra cantar/ também porque eu já cantei tudo que tinha que cantar/ eu cresci engordei tô forte/ tô mais forte que um casal que a família que o exército que o mundo que a casa/ sou a mais velha do que todos da família* (...).[173]

Vale ainda observar o surgimento de dois novos substantivos, *casal* e *exército* — em suas únicas aparições ao longo de todo o *Falatório* —, interpostos como sendo também personagens-tema a contracenar com *família*, *mundo* e *casa*. No que diz respeito ao exército, equivale sua então nova constituição física à força redobrada decorrente de um grupo de pessoas, posto que o exército, no militarismo das armadas de uma nação, compreende especificamente a guarda das forças *terrestres*, cujos principais campos

---

[172]   Stella do Patrocínio, ACG [02 só presto...], 3'00".
[173]   *Idem*, ACG [04 Me ensinaram...], 23'48".

de ação e defesa dão-se por meio da infantaria (combate a pé), da cavalaria (combate a cavalo) — e aqui suponho uma alusão paralelizada com o enxadrismo — e da artilharia (combate com armas de fogo). Já concernente ao casal, de maneira humorada, Stella faz uma retomada: sendo, *a priori*, nula, e pressuposta, posteriormente, como una, agora ela se coloca como um par. Porém, na dificuldade de localizar esse outro, aqui inexistente, parece associar-se com um suposto duplo de si que, ao cabo, é ela mesma — um sujeito mais que duplicado, um sujeito elíptico cujo *eu* é novamente um outro.[174]

As três *visões* com que Stella percebe, articula e configura esses três personagens-tema em conjunto — *mundo* (macronúcleo), *casa* (médio núcleo) e *família* (micronúcleo) — dentro de seu *Falatório*, talvez devido à experiência de vida desmoronada ou de um sujeito aparentemente corroído, revela algo sobre uma existência originária anterior a todos eles: o próprio *núcleo*. Identifico esse núcleo, esse centro primordial de estrutura, como sendo o corpo de Stella, o corpo próprio, vivo, de Stella, de onde sai a sua voz. É o corpo *realizado* e que se realiza continuamente por meio da voz, pois é pela voz que ela se proclama no mundo, filiando-se ainda a uma casa e a uma família, contrariando seu pressuposto despertencimento total. Stella pertence a si mesma de maneira recorrente, e é a voz que possibilita essa junção, a comunhão que opera sozinha com seu sujeito elíptico perante o outro. É em torno desse núcleo — e o corpo falante, a fala corporificada de Stella intercede no real pelo verbo encarnado — que se fundam as órbitas que ela mesma invoca; é do núcleo que emanam e é de volta a ela, ao sujeito Stella, que convergem, estabelecendo seu reino acústico. Assim, Stella é a rainha que está à escuta,[175] infiltrada em seu próprio reino, para

---

[174] Arthur Rimbaud, "Lettre à Georges Izambard", *op. cit.*
[175] Italo Calvino, "Um rei à escuta", *op. cit.*

tornar-se, a partir dessa escuta, a rainha que enuncia e proclama — a emissária de seu núcleo/corpo — as órbitas de seu sentimento poético que roça o corpo alheio pelo êxtase, com profunda capacidade de absorção. O corpo é onde a voz nasce (e morre), e o *Falatório* é onde a voz de Stella do Patrocínio nasce, ainda que, a partir dele, ela só esteja começando (e continuando) a nascer no mundo, na poesia brasileira. Portanto, duplamente nascida por meio de sua voz, atribui ao *mundo* uma subdivisão (a casa) e decide repovoá-lo (a família), tornando-se senhoria e inquilina de seu reino.

O personagem-tema *casa* nem sequer aparece isolado em uma única passagem do *Falatório*. Está sempre associado ao personagem-tema *mundo* — (...) *Eu enxergo o mundo enxergo as pessoas que vivem no mundo/ que procuram o mundo/ enxergo a casa e as pessoas que procuram a casa* (...)[176] —, e isso parece indicar que a casa, o que Stella entende como lar, não existe em si como uma unidade; casa é o que paira no mundo, porque ela não possui um lar para si, conforme expõe quando fala *eu não tenho casa de moradia*.[177] Desse modo, a casa se personifica de inúmeras outras maneiras; a casa é o Núcleo Teixeira Brandão: (...) *A família toda tá lá em cima/ cá embaixo lá dentro cá fora/ lá nos fundo e cá na frente/ mais de quinhentos milhões quinhentos mil moradores/ morando no Teixeira Brandão Jacarepaguá* (...).[178] Sobre os *moradores* dessa casa, Stella exprime a uniformização — vestimenta do hospital — e a diferença — subjetividade, modos de conduta — que enxerga entre ela e as outras pacientes moradoras do Núcleo: (...) *Tem as que são iguaizinho a mim tem as que se vestem se calçam igual a mim/ as que são diferente da diferença entre nós* (...);[179] comenta também o comportamento geral dos moradores dessa casa, que ela

---

[176] Stella do Patrocínio, ACG [04 Me ensinaram...], 20'58".
[177] *Idem*, ACG [01 Peço, em acesso...], 10'18".
[178] *Ibidem*, 00'51".
[179] *Idem*, ACG [04 Me ensinaram...], 26'37".

também chama de *hospital*: (...) *Aqui no hospital ninguém pensa/ não tem nenhum que pense (...) eles vivem sem pensar/ come bebe fuma/ dia seguinte/ quer saber de recontinuar o dia/ que passou/ mas não tem ninguém que pensa/ e trabalhe pela inteligência* (...).[180] Por fim, a casa também figura como sendo a *casa de família*, isto é, as casas onde moravam as famílias para as quais Stella trabalhou como empregada doméstica durante sua curta vida em liberdade: (...) *Eu era muito viajada viajava muito/ na viagem eu tive em casa de família/ família honesta direita trabalhadora* (...);[181] casas onde provavelmente também morou, como se nota pelo adjetivo *domesticada*, que exprime ordem e obrigação: (...) *Trabalhava em casa de família fazendo todos os serviços qualquer um serviço/ depois que eu terminei o estudo ela me agarrou me disse* [trecho incompreensível] *disse que eu precisava ser muito domesticada/ ser doméstica e trabalhar em casa de família* (...).[182]

Assim, é evidente que o personagem-tema *família* guarda ainda mais representações (espaços) e personificações (pessoas, familiares) do que o personagem-tema *casa*. A primeira delas deve-se ao fato de que Stella não costumava ter contatos frequentes com sua família consanguínea, posto que vivia em isolamento perpétuo, solidão e indigência, conforme ela mesma esclarece em dois momentos — (...) *Eu sou indigente/ não tenho ninguém não* (...)[183] e (...) *Eu não tenho mais família/ minha família toda já morreu/ tô na família do cientista* (...).[184] Quando a entrevistadora, em outro áudio, insiste e pergunta se sua família alguma vez foi procurá-la na colônia, Stella desconversa e responde mencionando os nomes das famílias para as quais trabalhara: (...) *A família Monteiro continua*

---

[180] *Idem*, ACG [01 Peço, em acesso...], 21'15".
[181] *Idem*, ACG [03 Stella... tem mais de 12 anos], 13'54".
[182] *Ibidem*, 06'32".
[183] *Ibidem*, 14'53".
[184] *Idem*, ACG [01 Peço, em acesso...], 27'57".

aqui veio de longe pra cá/ mudou de nome/ a família Brito Cunha mudou de nome veio do Rio de Janeiro pra cá/ e mudou o nome/ família Brito Cunha família Monteiro família Lafayette (...).[185]

Em outras situações, Stella diz ser oriunda de uma família respeitada, de muitas realizações: (...) *Vim de importante família/ família de cientista de aviadores/ de criança precoce prodígio poderes milagre mistério* (...).[186] Como que tentando interdepender-se de seu contexto, chega a exprimir, ainda, um desejo de "matar a família", no que parece ser uma tentativa de libertação pela fabulação, em dois momentos: (...) *Se eu pegar a família toda de cabeça pra baixo e perna pra cima/ meter tudo dentro da lata do lixo/ e fazer um aborto/ será que acontece alguma coisa comigo?/ vão me fazer alguma coisa?;*[187] (...) *Se eu pegar durante a noite novamente/ a família toda de cabeça pra baixo perna pra cima/ jogar lá de dentro pra fora lá de cima cá pra baixo/ será que ainda vai continuar acontecendo alguma coisa comigo?* (...).[188] Quando perguntada a respeito de quem seja essa família não nomeada, esclarece: (...) *É essa família que tá morando/ me perseguindo aqui no Teixeira* (...).[189] Por fim, quando indagada sobre quem seriam essas pessoas que não só moram com ela, como também a perseguem — essa família imposta, essa família de traços tão dissemelhantes —, Stella repete a operação de comentar o comportamento dos moradores do personagem-casa, analisando enfim sua única família: (...) *Olha quantos estão comigo/ tão sozinhos estão fingindo que tão sozinhos/ pra poder tá comigo* (...),[190] e afirmando-se, novamente, como aquela que dirige seu reino, a rainha emissária e o grão-núcleo.

---

[185] *Idem*, ACG [03 Stella... tem mais de 12 anos], 14'27".
[186] *Idem*, ACG [01 Peço, em acesso...], 01'33".
[187] *Idem*, ACG [02 só presto...], 06'49".
[188] *Ibidem*, 07'06".
[189] *Ibidem*, 08'38".
[190] *Ibidem*, 08'45".

Tendo sobrevoado os quatorze principais coadjuvantes e os três antagonistas — tendo sido, nessa passagem, necessário atravessar a encenação do centro de mesa branca e penetrar os núcleos espaciais e interiores de Stella —, o *Falatório* abriga até aqui a soma de dezessete personagens. É certo que Stella do Patrocínio — a narradora-personagem, a anciã que oraliza a medievalidade de seu reino, a heroína cuja trajetória epopeica, até hoje, ninguém pôde aferir, apenas crer, visto que seu passado ainda não está documentado em detalhes, a voz que veio ao conhecimento do mundo primeiro de maneira impressa e sobre a qual tantos ouvintes se debruçam, se encantam e, sem esforço, conseguem ouvir, a poeta que cantou sua tragédia pregressa e, ao ter feito isso, inseriu-se num triunfo posterior pela simples possibilidade de ser hoje e cada vez mais escutada — prescinde de qualquer apresentação que aqui eu possa tentar lhe fazer. Basta louvá-la. Porque Stella do Patrocínio se diz. Sozinha. Uma só palavra de Stella vibrando no espaço, e o que se pergunta, em uníssono, é: "Onde tem mais, quem é essa mulher?" Enfim, é inútil dizer que Stella é a protagonista e está cada vez mais viva. Porque ressoa. Mas é importante dizer que ela não é a única protagonista de seu *Falatório*. Há ainda outro protagonista — o único que não foi gestado por ela, mas, ao contrário, a gerou; ou, ainda, o protagonista que se gerou na medida em que ela foi gerada, e que ganhou ainda mais robustez depois de Stella falar tudo o que falou: o corpo. O corpo enseja tudo isso, o corpo é o centro do reino.

Não falo só do corpo humano com órgãos em funcionamento, o sistema fonador em operação, os sentidos em força de tração interior. Falo do corpo negro encarcerado, depauperado, manicomializado, desacreditado, descreditado, institucionalizado de Stella, que se recorporificou por meio de sua voz; a fala, que lhe deu nova forma, expandiu-se, a partir do que começa em Stella pela negação da vida, como quem reivindica para si uma vida nova e contrária; uma tristeza de ser e saber-se o ser que é — (...) *Eu não queria me formar/ não queria nascer/ não queria tomar forma humana carne humana e matéria humana/ não queria saber de viver/ não queria saber da vida/ e não tive querer nem vontade pra essas coisa/ e até hoje eu não tenho querer nem vontade pra essas coisa* (...) —,[191] mas ser que é lastro e futuro, e cá estamos nós. Assim, traiçoeiro, senão ingênuo, seria apartar *corpo* e *Stella*, como dois protagonistas, mas é importante ressaltar também que um corpo só adquire vida na esfera acústica — corpo vivo *em relação* com o mundo — por meio do movimento da voz, ao passo que sem corpo não há voz. Portanto, um corpo em inércia é um depositório de órgãos; um corpo cuja voz, carregada de sentimento poético, é o principal meio de expressão e interlocução com o mundo, é um corpo duplamente materializado, *desempenhado*, um corpo que se inscreve e se proclama no mundo pela fala. Não por acaso, a palavra "corpo" — se consideradas também as partes do corpo citadas por Stella, cabeça, dente, olho, pelo, ossos, boca, carne, cabeleira, cabelo, cérebro — é a de maior incidência ao longo das aproximadamente duas horas que constituem esses arquivos do *Falatório* a que tive acesso.

Stella, todavia, recorrentemente aparta a *cabeça* do *corpo*, como se a cabeça fosse algo exterior ao corpo, ou como se o corpo fosse a parte exterior da cabeça. Cito três exemplos: quando narra um episódio de violência sexual — (...) *Num via ninguém/ num via nada/ nada de cabeças e corpos* (...);[192] quando, voluntariamente, isto é, sem mineração de assunto por parte das interlocutoras, desagrega-se da casa, da família, do mundo e da matéria humana — (...) *Não sou de nenhuma das cabeças/ e de nenhum dos corpos* (...);[193] quando, a partir de um comentário da inter-

---

[191] *Idem*, ACG [04 Me ensinaram...], 22'28".
[192] *Idem*, ACG [02 só presto...], 01'31".
[193] *Ibidem*, 03'00".

uma encarnação encarnada em mim   137

locutora sobre ter a impressão de Stella estar triste, ela diz, em desespero: (...) *É que eu não sei o que fazer da minha vida/ por isso é que eu tô triste/ fico vendo tudo em cima da minha cabeça em cima do meu corpo/ toda hora me procurando procurando/ e eu já carregada de relação sexual* (...).[194] Como se corpo e cabeça fossem gerados por processos diferentes e as constituições física e mental separadas em duas etapas, é possível que isso se deva ao fato de que *cabeça*, para Stella, é onde brota o pensamento e a inteligência, faculdade que julga não possuir: (...) *Eu já até falei que eu não ando pela inteligência/ não ando pelo pensamento* (...);[195] (...) *Não trabalho com a inteligência/ nem com o pensamento/ mas também num uso a ignorância* (...).[196] Ainda, pode-se dever ao fato de que cabeça é sinônimo de *cérebro* — (...) *Tô com a cabeça ruim/ tô com o cérebro ruim sem poder pensar* (...)[197] — e de saúde mental, isto é, a cabeça é sempre questionada no que diz respeito à sua deterioração e à sua *formação* numa inversão de etapas, como se a cabeça mesma não compreendesse como funciona a própria cabeça, ou desconhecesse sua fisiologia e seu funcionamento — informação reafirmada pela repetição —, ou, ainda, como se a própria Stella não compreendesse o sentido da visão: (...) *Que eu não tenho cabeça boa não/ não sei o que tem aqui dentro/ não sei o que tem aqui dentro/ não sei o que tem aqui dentro/ não sei o que tem aqui dentro/ não sei o que tem aqui dentro/ eu sei que tem olho/ mas olho pra fazer enxergar como/ quem bota pra enxergar/ se não sou eu que boto pra enxergar* (...).[198]

Ao passo que o corpo é puramente a saúde física, a carne em contato com o mundo, essa divisão poderia ter certa carga de ob-

---

[194] *Idem*, ACG [04 Me ensinaram...], 07'10".
[195] *Idem*, ACG [01 Peço, em acesso...], 08'45".
[196] *Ibidem*, 12'49".
[197] *Ibidem*, 08'49".
[198] *Idem*, ACG [02 só presto...], 11'53".

viedade, não fosse pelo fato de que há um questionamento mais aprofundado sobre essa gênese do corpo; esse questionamento se dá em tal medida que a compreensão de Stella sobre o fato de estar viva e falando e interagindo com o mundo através do corpo parece surpreendê-la duplamente: (...) *Eu mesmo num sei da minha vida direito/ que eu num sei como pode formar uma cabeça/ um olho enxergando/ nariz respirando/ boca com dentes/ orelha ouvindo vozes/ pele carne ossos altura largura força* (...).[199] Do mesmo modo, não questiona só a *constituição* de si mesma, mas do outro como espelho de si, ou reverberação de si, analisando o sujeito físico totalizado (corpo, mente), como se tentasse *incorporar* a matéria — a suposta (...) *não como forma humana matéria humana carne humana pesada* (...)[200] que chega a mencionar —, uma matéria que desconhece, mas que enxerga, intui e detalha. Numa instância seguinte, de outro arquivo do *Falatório*, torna-se claro o fato de que Stella deixa a cargo dos sentidos, sobretudo da visão e da audição, o modo como se opera esse conhecimento-cobertura/desconhecimento--descoberta do corpo vivo do outro no espaço: (...) *E eu não sei quem fez você enxergar cheirar falar cantar pensar/ ter cabelo ter pele ter carne ter ossos/ ter altura ter largura/ ter o interior/ ter o exterior/ ter um lado o outro a frente os fundo em cima em baixo/ enxergar/ como é que você consegue enxergar e ouvir vozes* (...).[201]

Falar, cantar, ouvir vozes. Também declarar, explicar, esclarecer, perguntar, dizer. Exprimir-se, discorrer, conversar, contar. Conforme visto, o *Falatório* de Stella — em essência, uma interlocução, mas também via de mão dupla mediada — é permeado de falas que elucidam *o pensar sobre o falar* e o falar sobre o que

---

[199] *Ibidem*, 00'46".
[200] *Ibidem*, 03'27".
[201] *Idem*, ACG [04 Me ensinaram...], 13'36".

se está pensando; diz respeito ao *dizer-se* enquanto *se pensa* e ao *falar-se, mostrar-se* enquanto *se sente*. Nesse sentido, de metafalatório, o corpo aqui se recapitula não só pela ação da fala — o corpo primeiro se recapitula pela voz —, mas pela fala sobre a fala, o pensar de Stella sobre a fala, sobre o próprio *Falatório*; em anverso, é a recapitulação da voz pelo corpo, de modo que o corpo torna à lembrança pela voz e ganha existência. Assim, em duplicidade, Stella atua em enunciação-ressonância consigo mesma, sobretudo quando nomeia o *Falatório*[202] — (...) *Nós estamos sentados numa cadeira/ procurando mesa procurando falatório/ procurando gravar o falatório todo/ e eu ontem não sabia de nada disso/ isso tudo pra mim é velho e eu não sabia de nada disso (...)*.[203] Essa *consciência* se torna mais clara quando contabilizo o total de cinquenta menções ao verbo *falar* (e seus sinônimos, também pelos verbos em variadas flexões), à palavra *Falatório* e à palavra *voz*, que se pontificam por quatro vinculações diversas.

A primeira vinculação diz respeito ao ato de falar e ao desgaste causado pelo excesso de fala: (...) *Eu já falei o que podia/ não tenho mais voz (...)*;[204] que surge também quando a interlocutora pede que Stella cante novamente uma música[205] que cantara em outra ocasião: (...) *Não sei mais/ não tenho voz pra cantar mais (...)*;[206] ou quando, voluntária e explicitamente, Stella parece desabafar, elevando o tom de voz, que também se altera pela intensidade com que as falas saem de sua boca, revelando uma quase asfixia: (...) *Eu já falei em excesso/ em acesso/ muito demais/ declarei expliquei*

---

[202] *Dicionário Houaiss*: falatório, "1. ruído de vozes de muitas pessoas a falar ao mesmo tempo; 2. conversa sobre coisa sem importância; 3. qualquer fala desprovida de valor ou fundamento; 4. boato infundado, mexerico difamante; 5. longa e importuna palração; 6. lugar de onde se fala; locutório".

[203] Stella do Patrocínio, ACG [02 só presto...], 12'51".

[204] *Idem*, ACG [01 Peço, em acesso...], 08'18".

[205] Pelo que pude apurar, a música em questão é "Teus olhos castanhos", um sucesso de 1951 do cantor português Francisco José.

[206] Stella do Patrocínio, ACG [01 Peço, em acesso...], 10'47".

esclareci tudo/ falei tudo que tinha que falar/ não tenho mais assunto mais conversa fiada/ eu já falei tudo/ num tenho uma voz pra cantar/ também porque eu já cantei tudo que tinha que cantar (...).[207] Curiosamente, na continuação deste último canto, isto é, na terceira estância, Stella diz (...) *Eu cresci engordei tô forte/ tô mais forte que um casal que a família que o exército que o mundo que a casa* (...),[208] e dessa vez é possível capturar outra conotação, a de que o *Falatório* possa ter resultado em ação revigorante, de força, de mais um apoderamento do *eu* pela fala.

A segunda vinculação que Stella estabelece diz respeito à sua percepção do desejo de escuta das interlocutoras, da demanda alheia pela sua voz. Num ato reverso à atividade proposta e desempenhada por essas interlocutoras no ato da gravação, Stella chega a criticar a eventualidade desses momentos: (...) *Cê me pega sempre desprevenida, hein?/ quando eu tô com vontade de falar/ tenho muito assunto/ muito falatório/ não encontro ninguém pra quem eu possa conversar/ quando eu num tenho uma voz mais/ num tenho um falatório/ uma voz mais/ vocês me aparecem e querem conversar conversar conversar conversar/ sem eu ter voz* (...).[209] É nítido haver também uma reivindicação de Stella em relação à escuta imposta, que parece expressar um desejo seu de que aqueles encontros de *Falatório* fossem mais frequentes, ou mais oportunos, afirmando a disparidade das ocasiões em relação à sua própria disposição de fala. É interessante também observar a separação que Stella faz de *assunto* (identificado como *Falatório*, propriamente) e *voz* (essencialmente a fala), como se o primeiro fosse a consequência do segundo, nunca o contrário — pois, ao que parece, voz, para Stella, é fôlego, também pensamento.

---

[207] *Idem*, ACG [04 Me ensinaram...], 23'48".
[208] *Ibidem*, 24'10".
[209] *Idem*, [01 Peço, em acesso...], 23'43".

Já na terceira via de expressão categórica, destaco a curiosidade sobre o funcionamento do gravador de voz, assunto sobre o qual interpela a interlocutora inúmeras vezes, sobretudo quando lhe é solicitado que repita a pergunta feita num momento anterior: (...) *Eu perguntei se tem gente aí dentro/ porque transmite voz/ é sinal que tem/ fica ouvindo a gente/ fica falando a mesma coisa* (...).[210] Então, a interlocutora diz "Será que somos nós mesmos?", ao que Stella responde, agora nomeando o gravador pelo pronome *eles*, em alusão às muitas vozes que imagina haver ali guardadas: (...) *É a voz da gente transmitindo pra eles/ e eles imitando a gente* (...).[211] A interlocutora pergunta: "Eles, quem são?" Mas Stella responde capitulando a relação de intimidade que passa a ter com o gravador, sobretudo pela maneira como miniaturiza o objeto como sendo uma espécie de Núcleo Teixeira Brandão em tamanho reduzido: (...) *Os moradores que mora aí dentro/ pra gravar a voz na hora de gravar* (...).[212] Em outro áudio do *Falatório*, Stella, ainda intrigada, retorna espontaneamente ao assunto do gravador, utilizando figuras para falar de apreensão, de retenção, daquilo que não se repete, isto é, ela pensa a efemeridade da voz: *E como é que pode essa gravação esse aparelho, né?/ gravando voz que tá sendo palavras ao vento!/ Já nasce aí gravando voz que se fala palavras ao vento/ e repete direitinho como a gente, né?* (...).[213]

Por fim, como quarta vinculação, exponho o que Stella do Patrocínio parece entender como a *consequência* do *Falatório*, isso que ela mesma criou, ou como consequência última do excesso da fala. O mais curioso é que, segundo ela, o excesso desse *verbo encarnado* parece gerar um efeito físico, uma degradação de seu

---

[210] *Idem*, ACG [01 Peço, em acesso...], 06'10".
[211] *Ibidem*, 06'25".
[212] *Ibidem*, 06'31".
[213] *Idem*, ACG [02 só presto...], 15'33".

142 uma encarnação encarnada em mim

corpo, efetuando uma espécie de giro entre a emissão e a recepção inerentes ao ato da fala, flagrando a superexposição de sua subjetividade, como se a voz fosse um dano, algo de que não se tira nenhum proveito, *o anticorpo* ou *o antissopro*: (...) *Com esse falatório todinho eu fiquei um homem feio!/ Mas tão feio/ que eu não me aguento mais de tanta feiura/ porque quem vence o belo é o belo/ quem vence o saúde é o saúde/ quem vence o normal é outro normal/ quem vence um cientista é outro cientista* (...).[214] Beleza, saúde e normalidade. Uma qualidade, um estado e uma norma. A beleza, a virtude, a bondade e, em última instância, a perfeição são associadas às *santas* — (...) *Eu queria ser boazinha* (...) —;[215] o vigor, a energia, a firmeza associam-se livremente aos *heróis,* às *heroínas*, ao passo que o equilíbrio físico e psíquico é associado aos sãos, aos afortunados, aos *puros* — (...) *Eu achava que você era uma santa diabólica endemoniada/ mas não é não/ é uma santa mesmo/ cheia de santidade/ e cheia de sacerdotes irmãs de caridade na defesa* (...)[216] —, já a normalidade é a principal antítese da loucura, palavra que Stella sequer cita ao longo desses quatro registros do *Falatório*. Isto se dá justamente porque, quando fala, Stella não é nem se vê como a santa ou a louca, porque sua fala é mais que fala, é invocação, é sua maneira de recorrer ao real, ou de alegar-se, em seu próprio favor; é também evocação, porque presentifica seu eu, o mundo e as coisas por meio da imaginação e da memória. Deste modo, incontornavelmente, é oráculo, poeta, vocalista e porta-voz de seu Reino. Não se trata de santidade, justeza ou delírio; Stella é do oculto e do improviso, dirige-se e destina-se ao enigma, habita o mistério, e seu trânsito é a divinação. Por outro lado, essa estância de fala torna claro que, quando se vê diante do outro — na interlocução, espelha-se, e ao

---

[214] *Ibidem*, 14'19".
[215] *Idem*, ACG [01 Peço, em acesso...], 16'10".
[216] *Idem*, ACG [02 só presto...], 17'00".

uma encarnação encarnada em mim

espelhar-se, afunda e esconde seu ser dentro do ser alheio —, é o outro que vê. Stella se nega para aceitar o outro, e representa-se como o feio em oposição ao belo, o feio contraposto à sanidade, o feio em contrariedade à norma, o feio em oposição ao conhecimento. O feio como primeiro sinônimo da desventura e do padecimento.

E o cientista? Quem vence um cientista é outro cientista? O termo *cientista*, citado ao todo cinco vezes e prioritariamente no gênero masculino no decorrer do *Falatório*, para denotar *importância*, é restrito e quase nunca aplicado aos estudos da arte poética e da literatura, mas acredito que essa proposição, neste enquanto, nos diga respeito. Fugindo um pouco do tema do triunfo levantado por Stella, sobretudo porque a ciência — ramo do conhecimento em essência desfavorecido, enquanto escrevo este ensaio sobre Stella do Patrocínio no Brasil à altura do sexto mês da pandemia — enfrenta e contorna a destruição governamental irrefletida, que se espraia em todas as direções e âmbitos políticos e sociais; mas, fundamentalmente, o que é um *cientista*? Falamos publicamente em nome de ideias e livros, nossos e de outros, engendrando reflexão e experiência, e assim articulamos nosso pensamento à nossa voz, por meio da produção escrita, para trazer à luz o que verificamos e colhemos no íntimo de nossas leituras e elaborações. Ora, um cientista é sobretudo um porta-voz, um vocalista. E a figura do porta-voz, intrincada a seu ofício e paralelizada a tantas figuras históricas e mitológicas, serviu de tiro de largada para o desenvolvimento deste ensaio, conforme observado. Porque o porta-voz lastreia Exu, Hermes, Mercúrio, Jesus Cristo, as jelyias, os griots, a Pitonisa de Delfos, poetas da oralidade, a Sibila, profetas bíblicos, Nanã, os pretos velhos, médiuns espíritas, cavalos de santos etc., que, adaptados e expandidos de seus mundos e épocas, sinonimizam cosmogônica e oficialmente Stella do Patrocínio, aqui avistada e encenada como a porta-voz primordial de seu *Falatório* e de seu *Reino dos bichos e dos animais*. Por isso, quem escuta o registro sonoro ou escrito dos envios da voz dela — e gosta de estar, e dedica-se a estar sempre à sua escuta — passa a reenviá-la, torna-se porta-voz de Stella.

Entre as funções ligadas às áreas das comunicações humanas, em essência nos âmbitos dos anúncios oficiais, também nos planos intermundos, não avisto nenhum ofício que me pareça dotado de mais equivocidade e crueldade indireta do que o ofício executado por um porta-voz, ao passo que, executando seu ofício, um porta-voz também está executando uma voz perante um grupo de pessoas. Ele é o mensageiro — da palavra, ou da magia e da divinação —, o agente de uma dupla-execução, um gravador vivo e uma gravação presente, movente. Um porta-voz (sujeito) executa a voz (palavra) de uma nação, partido, entidade, divindade, empresa (coletivo) ou, ainda, de uma pessoa pública (sujeito e coletivo) por meio de sua própria voz (recurso, performance, representação). Ele estabelece a comunicação de objetos (objeto voz, objeto palavra) entre sujeitos, e embora seu ofício seja de caráter essencialmente neutro, um porta-voz compactua com a tarefa de compactuar-se com uma voz, por ofício, inúmeras vezes ao longo da vida. O ofício equívoco é também cruel em igualdade: para quem diz portar determinada voz ou recebe a incumbência de portá-la perante determinado grupo de pessoas, isto é, de carregá-la, transportá-la para outro contexto, o indivíduo que é contratado para ser responsável por determinada voz ou aceita esta tarefa em forma de missão passa a ser dela veículo e ponte na medida em que deve veiculá-la; tarefa que requer audácia de quem faz e confiança da parte de quem tem a voz portada, pois não é possível portar, puramente, qualquer voz. O porta-voz encarna o verbo e ressoa, reenvia, a voz ou o poder político e sociocultural, compactuando com ele.

uma encarnação encarnada em mim 145

Ainda que nessa instância o significante de *voz* venha a ser *palavra*, e mesmo que por *portar a voz* leia-se aqui convencionalmente *portar as palavras*, este ensaio fala do que se tenta portar: a voz — o inapreensível — no imaginário. É preciso hierarquizar a voz (é som, é primevo) em relação à palavra (é forma, é discurso) e reiterar a carga de unicidade de cada voz, que em essência é singular, individual, única. Faz-se possível explicar a singularidade de uma voz por três pontos de vista: 1. O aspecto fisiológico, relativo às galerias localizadas na cabeça, no que tange à estrutura e à constituição física geral de um corpo humano — o sistema respiratório em conexão constante com o aparelho fonador (boca, nariz, ouvido), o sistema muscular que se estria e impulsiona os tecidos e as válvulas, o sistema nervoso que, como um maestro, rege a superestrutura e faz a distribuição do sangue pelas veias, artérias, cérebro e coração, a voz que sai de uma garganta, da úvula; 2. O caráter comportamental de formação de uma voz, ou seja, é no ambiente familiar que se forma uma voz, por isso as vozes, assim como as pessoas, são majoritariamente frágeis ou robustas, outras roucas, amedrontadas, banguelas, pacíficas, e assim ao infinito; 3. A voz como matéria sonora no espaço, ou seja, as cordas vocais como instrumento sonoro e potencialmente musical, a voz mesma como instrumento, variando em tom, notas, estilo, harmonia, encadeamento. Assim, nenhuma voz é gêmea de qualquer outra voz, a voz é única como é único cada ser humano, a retina e as impressões digitais, e só um mesmo indivíduo é capaz de *tocar*, de executar sua voz no espaço, isto é, falar, cantar, entoá-la com a unicidade que lhe cabe.

Contudo, *toca-se*, tocamos, com frequência, a voz alheia, por ofício ou por incorporação, até mesmo por prática, exercício de criação. Nesse aspecto, a tarefa do porta-voz pode ser paralelizada com a tarefa do tradutor e do intérprete, também do compositor letrista. Sendo também compositora e tradutora literária, sobre este ofício posso me alongar, afinal, a tradução é a maneira como sustenho a vida há quase uma década. Continuo a concluir que o tradutor, em igual medida, assim como o porta-voz, o intérprete, o letrista e o médium, é ponte; é também um construtor de pontes que encruzilha informações e vozes para construir a ponte derradeira de uma língua a outra, isto é, também artesão e engenheiro. Porque, essencialmente, um tradutor porta-voz é quem traz a palavra do outro em uma língua para dentro de sua palavra, que mora em sua língua materna, e quem traz também as palavras dentro da voz. É mais que um mensageiro, porque usa de sua voz (literária) para exprimir a voz literária de autoria de outra pessoa. O tradutor serve de amplificador para estabelecer a coautoria, como num dueto; é quem propicia o intercâmbio da mensagem e, por que não, da beleza, ponteando diferentes culturas. O tradutor é um decifrador e um divinador, decifra os códigos de um idioma, tenta divinar o que está oculto e reincorpora os enigmas e códigos enquanto os translada ao seu próprio idioma. A tenacidade e o conhecimento de um tradutor é o que propicia que ele seja também um agente cultural, interculturas, na medida em que passa a ser sujeito da voz que *traduz*, que por sua vez é reimpressa para o coletivo. Afinal o tradutor trabalha prioritariamente para o coletivo, porque dissemina informações e conhecimento entre culturas. Trata-se de uma tarefa intermundos porque compõe outros tempos num só presente. Portanto, investigar e escutar e ouvir Stella durante tantos anos faz com que me sinta, humildemente, uma de suas porta-vozes, porque meu intuito, meu desejo, é portar sua voz, espraiá-la de modo a reverenciar as ondas da primeira ocasião em que vibrou na esfera acústica de nosso tempo, e continua a vibrar; sinto-me também sua tradutora, porque tento reenviar seu *dito* e a maneira como disse, e assim a voz poética de Stella passa a incorporar-se em minha própria voz poética. Primeiro como sua eterna ouvinte,

uma encarnação encarnada em mim

depois como poeta. Também letrista e tradutora. A voz de Stella se move entre o meu pensamento — dinamitando pontes — e as vias que estabeleço na criação. Porque, quando portamos uma voz, passamos a ser parte dessa voz, porque somos dela criadas, geradas, novamente veículo e ponte. E travessia.

Entretanto, este ensaio não existiria se a voz de Stella não tivesse sido registrada em áudio ou, ainda antes, se em uma época já remota não tivesse sido inventada uma máquina para apreender o som. Porque o registro em áudio é anterior ao registro das imagens. Isto é, primeiro aprendeu-se a gravar a voz — com a fonografia e o fonógrafo de Thomas Edison, inventado em 1877 para gravar e reproduzir sons de maneira mecânica, embora esses registros de som só tenham podido ser transportados, em um arquivo físico, quando Emil Berliner inventou o gramofone e o disco de goma-laca em 1887, dando início à indústria musical; depois, apreendeu-se a imagem e, logicamente, por fim, a imagem em movimento. Assim, sem o aparelho que hoje ainda conhecemos como gravador de voz — uma relíquia, um objeto em desuso, um item de colecionador, mas vendido a baixo custo, que se transformou em inúmeros aplicativos que podem ser acessados gratuitamente por um celular, tablet ou computador, cujo desdobramento tecnológico viabilizou, inclusive, como função básica imediata, o envio de mensagens de voz em apenas dois passos — e suas seções intituladas *gravações*, uma voz, qualquer voz, não pode ser singularmente apreendida, transformada em registro físico ou transportada por qualquer outro recurso que não seja a gravação em vídeo, em que aparece anexada ao registro da imagem. Porque a voz é um evento e se insere e se propaga no espaço enquanto acontece, e depois se retira, se dissolve. De constituição movente, está o tempo todo em movimento, pois a voz, por si, não se fixa. Seria possível alegar que uma imagem também se dissolve, sim, mas somente quando está em movimento; isto é, um pássaro em pleno voo é uma imagem que se dissolve, embora seja possível guardar na memória a imagem de um pássaro em movimento; a paisagem vista da janela de um carro; uma criança desconhecida que passa correndo pela praia. Mas não se pode guardar na memória humana o momento em que uma voz (destino, direção) é pronunciada no espaço, a não ser por meio das palavras (veículos) contidas nessa voz. Sem a gravação física de uma voz, a memória só será capaz de retraçar seu caminho e assim reconstituir-se a duras penas, na afetuosidade em que está envolta esta emissão, e só encontrará suporte no que foi dito (objeto-palavra) e por quem (sujeito) foi dito, mas nunca no momento exato do dizer (objeto-voz). Por isso, anterior à escrita e ao registro físico da voz, durante séculos e até os dias atuais, a *oralidade* realizou e realiza o trabalho de porta--voz das culturas e sociedades — ritos, cânticos, sagas, poemas, histórias —, daí vem a carga de nuclearidade agrupada pelas manifestações orais, a memória como bem cultural que se passa por meio da comunicação interpessoal, da hereditariedade, isto é, a memória individual e coletiva como átomo, propagando--se no espaço de maneira energeticamente estável, rodeada por elétrons.

Há alguns bons anos, e em todos os dias de minha vida que transcorreram nesse espaço de tempo, venho me relacionando com os registros da voz de uma pessoa que sequer conheci e que poucas pessoas conheceram; que não foi escritora, nem poeta da oralidade, que nunca gravou um disco, nem ao menos publicou livros, mas que falou, falou, falou e constituiu seu autodenominado *Falatório* e que assim pôde reconstituir e estender a vida que lhe escapara há muito, depois de décadas asilada numa instituição total, para assim permanecer no "reino dos vivos", como ela mesma definira, para sempre. Até hoje, outras décadas depois de sua morte, sua fala ajuda a reconstituir e a estender minha própria vida, alimentando e instigando meu ofício como poeta no que ele tem de mais difuso na instância do perceptível; e não só a minha vida, mas a de tantas outras pessoas — embora lamentavelmente ainda sejam poucos os que conhecem e puderam ouvir Stella do Patrocínio em som — que se envolvem com a criação poética pela palavra escrita ou pessoas cujas vidas se embaralham e se mantêm em suspenso pelo procedimento da escuta como motriz da composição em poesia, como o sopro invisível das ondas sonoras.

Aprendi a amar essa voz aerada como a nenhuma outra, a reverenciá-la e referenciá-la, lateral e diariamente, por meio de metáforas universais, tais como a da voz da sabedoria, a voz do coração, a voz da intuição, pois, ao tocar a primeira nota que salta do primeiro áudio, reconheci na voz de Stella o conhecimento e a sensibilidade de uma civilização atemporal que parece nunca ter existido — mas existe e é seu Reino — ou que existe porque inauguro em mim sua existência a partir de sua voz, que registrou seus ensinamentos num espaço-tempo flutuante, seu extratempo, impensado, mas vivo. Não posso explicar Stella — e essa incapacidade não me confronta, o avesso dessa ousadia me conforta —, posso tão somente dedicar-lhe minha escuta atenta, mas puramente humana e falha, e assim ouvi-la para, ao extremo de minhas capacidades físicas e emocionais, reenviá-la, para tentar fazer com que mais pessoas consigam ouvi-la, afinal, só existe a fala porque a escuta existe. Com Stella, aprendi a enxergar, pois compreendi que a voz é um vulto que só os ouvidos podem retratar, mas que nunca se poderá fazer nada em resposta a uma voz que não seja falho ou precário. Não se pinta uma voz, não se escreve uma voz; uma voz não é capaz de tocar, de executar outra voz no espaço com perfeição sem recorrer às suas próprias sensações, às suas memórias. Isto acontece porque toda voz vibra o ilógico e reverbera o empírico; mas é possível cantar e recantar uma voz, por meio da entoação, isto é, só uma voz pode retratar outra voz.

150 uma encarnação encarnada em mim

A operação de entregar-se de ouvidos a uma voz que canta, como quem deita a cabeça sobre o solo batido para tentar escutar toda a estrutura terrestre em movimento, escutar e ouvir para assim ter a possibilidade de analisar essa voz e tentar descrever sua unicidade, neste caso, o registro de uma voz inserida num contexto de conversa que é parte de um espaço acústico destinado à escuta e à reflexão, assim como, em via dupla, também um espaço de fala destinado à escuta e à reflexão, é semelhante à operação de tentar descrever um instante, ou melhor, uma duração, um tempo que passa...

"Será que o tempo passa?"
Quem passa somos nós.
"A gente passa praonde?"
Passa da vida pra morte.
"E da morte praonde?"
Da morte pra bicho pra animal.
"E depois?"
Depois apodrece.
"E vira o quê?"
Vira merda.
"E a merda vira o quê?"
Continua sempre como merda.[217]

...um tempo que passa e segue continuado, continuando-se dentro de um espaço físico e novamente temporal, cujo próprio tempo (das gravações) não é propriamente definido em datas, mas em estâncias de fala também continuada que abarcam um repertório de assuntos e temas que, por sua vez, primeiro abarcam para só então constituírem a poética de Stella; a poética de Stella não nasce nessas sessões que ocorreram num intervalo de poucos meses e com frequência às quartas-feiras de uma década de 1990 já

---

[217] *Idem*, ACG [01 Peço, em acesso...], 21'56"

uma encarnação encarnada em mim   151

longínqua — (...) *Toda quarta-feira você vem* (...)[218] — a poética de Stella aí se apresenta pela primeira vez.

Posso explicar como aprendi a amar essa voz porque nela ainda *me crio* e com ela estou familiarizada, então, mesmo sua ausência impõe uma presença, como fazem todas as vozes, porque amar uma voz não é como amar um rosto, um nome, uma cor, uma história. Amar uma voz é amar um instante, enraizar-se no finito, é deleitar-se no que um simples passo deixa atrás de si mesmo. É amar a transitoriedade, o que não está no mundo porque passa, ao passo que é o mundo e o constitui de maneira insondável, e que primeiro só adquire materialidade nos labirintos e fossos de nosso sistema auditivo. Se me deito na terra para descansar, também como uma forma de me aproximar da morte, sinto no solo, como consequência inversa, as vibrações não só de meu corpo vivo, como de tudo o que sei que vive. A ciência sonda há séculos as maneiras pelas quais vive o que vive, mas ainda, até hoje, não conseguiu de todo mapear. Afinal, tudo o que vive emite sons — vozes do natural — sob nossos pés. Enfim, amar a voz de outra pessoa é também, e antes de tudo, aprender a amar a nossa própria voz, é cuidar de si, porque se amar é sobretudo se ouvir e se fazer ressoar sem pudores na vastíssima esfera sonora que embala o mundo desde o instante do primeiro sopro; assim será até o fim ou o renascimento dos tempos que mais uma vez não poderemos testemunhar, mas crer. Crer e recontar, reenviar. Meu desejo é que Stella seja recontada pelos séculos.

Por isso testemunho o que está vivo e existe graças a um gravador de áudio e ao desejo de outras pessoas, sobretudo mulheres, que também ouviram o chamamento, o chamado de Stella, nos recantos de seus próprios vãos. A voz viva de Stella vibra da carne de sua garganta, grudando as palavras ao seu corpo, nesta conexão

---

[218] *Ibidem*, 03'39".

uma encarnação encarnada em mim

que jamais se esvai, e de seu corpo as gruda na dimensão acústica na qual estava inserida, isto é, no contexto mortífero de uma instituição total, instaurando-se, consequentemente, na dimensão sonora que materializo enquanto a escuto e escrevo sobre ela e tento operar essa reciprocidade deslocada. Por que falamos? Falamos para prolongar nossa existência; falamos para que, enquanto estamos vivos, não nos sintamos sós; falamos para externar, consciente, inconsciente e secretamente, nossas complexidades; falamos para instaurar nossa presença já pré-instaurada, mas que sem voz não é presença, porque voz é presença e presença é voz. Em suma, a voz é a reafirmação da vida porque advém do corpóreo, ao passo que é impalpável, apenas vibra no ar, e se finda. A voz se autorrevela e revela a vitalidade de um ser humano, o que está oculto e repousa na nuclearidade de cada indivíduo. Queremos ser escutados porque queremos nos curar de nós mesmos e, ao ouvir nossa própria voz, sentimos — ou deveríamos, como única obrigação vital, sentir — o prazer que essa operação põe na nossa própria existência; queremos ainda falar de volta, dizer, atender, responder, porque também queremos curar os outros. Stella queria, escute, ouça tudo o que ela disse. É uma empáfia ao contrário e, como nos diz Calvino, também é "o prazer de dar forma às próprias ondas sonoras".[219] Por tudo isso, deve-se escutar essa voz não só como um pedido de ajuda, nem ouvi-la como quem sai em socorro — somos impotência —, mas como a escuta que ela fez de si e como um ouvir-nos a nós mesmos; deve-se ouvi-la, ainda, como a manifestação de seu desejo em curso, uma vontade e o cumprimento dessa vontade de se recriar nos momentos de *Falatório*, de inserir sua existência na sabedoria além-mundo que encarnava e cantava; vontade de resistir enquanto ser que vive e canta o que pensa e sente, transformando suas inquietações em palavras que, assim, desencarnaram

---

[219] Italo Calvino, "Um rei à escuta", *op. cit.*, p. 79.

sua própria voz. Mercurial, errática, instável porque inesperada, a poética do canto de Stella do Patrocínio não se insere de forma alguma no que se convencionou chamar *poética da loucura*, por tudo o que foi dito aqui; conforme nos diz Julio Ramón Ribeyro, no livro *Prosas apátridas*, "Em muitos casos, a loucura não consiste na ausência da razão, e sim em querer levar a razão que se tem às últimas consequências".[220] A poética de Stella — profeta, arauta, emissária — é sobretudo délfica, exusíaca, pois sua voz batalha a indicar retraço de caminhos no trânsito do extratempo. É a poética da continuidade nascente — está viva, concerne a todos nós como crise social e subsequente tentativa de reconstituição do imaginário — como ato e efeito de encaminhar o resistir para existir, para em seguida viver e continuar viva:

> *Eu mesmo não sei o quê que eu tô fazendo/ que não sou eu que gosto de nascer/ eles é que me botam pra nascer todo dia/ e sempre que eu morro me ressuscitam/ me encarnam me desencarnam me reencarnam/ me formam em menos de um segundo/ se eu sumir desaparecer eles me procura aonde eu tiver/ pra tá olhando pro gás pras paredes pro teto/ pra cabeça deles e pro corpo deles/ num tem nada pra comer nem beber nem fumar até agora (...).*[221]

---

[220] Julio Ramón Ribeyro, *Prosas apátridas*, Rio de Janeiro, Rocco, 2016, p. 15.
[221] Stella do Patrocínio, ACG [04 Me ensinaram...], 00'19".

2

A FALA, O CANTO, A VOZ

Tem gente que pira e berra
Eu já canto, pio e silvo
Se fosse minha essa rua
O pé de ipê 'tava vivo

"Canto em qualquer canto", Itamar Assumpção e Ná Ozzetti[1]

canto é onde se mora: morada, *oĭkos*, *domĭtus*, permanência; onde se retira: retiro, *thureós*, *indomĭtus* ou *domabĭlis*, recolhimento. Tentativas de resgate de si que intencionam, interna ou externamente, pôr-se em liberdade, acolher-se espacial e subjetivamente. É permissão que se concede, e onde se está presente, em solidão ou em companhia, no tempo e no espaço, a preencher os próprios modos. Chão, esconderijo; *solitudo*, estar em elemento sólido, refúgio. Tão mais longe, pelo descostume do uso das vistas, recanto. É situar-se, estabelecer local ou situação. Fundar, ater-se, circunscrever, isto é, encerrar-se. O canto também se situa no extremo da lateralidade das reentrâncias do corpo — ânus, genitália, olhos — e das espacialidades — páginas, móveis, áreas, nações. É também nas reentrâncias do sistema fonador — boca, nariz, ouvidos, garganta — que nascem o falar e o cantar. Ademais, um canto é a aresta de um corpo (estrutura) no espaço (topografia), é a fundição desse corpo ao espaço. De modo que o cor-

---

[1] Itamar Assumpção e Ná Ozzetti, "Canto em qualquer canto", *Estopim*, Gravadora MCD, 1999, faixa 3, 4 min 44 s.

po é limite, linha de convergência entre ser e mundo. Assim, todo corpo fundido ao espaço institui-se nele como fundação e passa a responder a um fundamento, tornando-se verbo encarnado;[2] filosoficamente, o pensamento, a palavra, a fala.

Mas canto, no léxico musical, guarda inúmeras denotações relacionadas ao ato de cantar, e no centro desse ato está a voz como instrumento de cordas, visto que nasce nas pregas musculares interiores da laringe. Canto refere-se à melodia, à cadência, à técnica, e, assim como a voz, cantar é som. No mundo natural, na ornitologia, algumas espécies de pássaros cantam — sabiás, pintassilgos, beija-flores, canários, rouxinóis —, enquanto outras — papagaios, araras, corrupiões — são capazes de "falar". São imitadores, aprendem a comunicação com os mais velhos de sua espécie, graças à memória, que apreende e decodifica sons, e sua voz pode resultar e conter harmonia semelhante à voz humana. Há ainda um inseto minúsculo que vive grande parte de seu tempo escondido nos bosques urbanos ou nos campos florestais, como uma ninfa, e que só se revela em noites claras, abrasadas, pelo som, para cantar — *casca oca/ a cigarra/ cantou-se toda*.[3] Assim como os pássaros, que cantam para se comunicar, para acasalar, para informar um ataque, para se defender ou defender seu território, seu efeito sobre nós é o de que cantam para nos encantar. Cantam também as folhas nas árvores, canta o vento, cantam as marés, cantam os poetas, cantam as sereias; canta a Circe de Homero, a ninfa Eco faz-se ouvir à exaustão e a sabedoria do deus Toth canta e perpetua a memória e a divinação.

---

[2] Arquétipo da comunicação; uma das sete dinâmicas da consciência, segundo Jung. Cf. Maria Zelia de Alvarenga, "As sete dinâmicas de consciência, a hominização, a inteligência espiritual e o processo de individuação", *Junguiana — Revista da Sociedade Brasileira de Psicologia Analítica*, 2018, p. 13.

[3] Um haiku de Matsuo Bashô traduzido por Paulo Leminski em *Vida*, São Paulo, Companhia das Letras, 2013, p. 100.

Na literatura oral e escrita, o canto é poesia destinada à narrativa de uma trajetória, feita para ser entoada perante grupos que se reúnem em torno da escuta, e assim serve à voz alta, também à leitura silenciosa, ou ainda à interpretação musical; na versificação, nomeia-se canto as divisões de um poema longo. Chama-se ainda de canto uma pedra de grandes proporções usada em construções cujo nome é cantaria — *silêncio/ o som das cigarras/ perfura as pedras* —,[4] uma obra de alvenaria com três cantos[5] a que se dedica um canteiro: artífice, artista que faz da pedra escultura, porção de terra destinada às plantas.[6] Desse modo, admite-se que um canto possa vir a ser, ao mesmo tempo, conserto (equilíbrio) de três cantos e concerto (arranjo) para três cantos. No entanto, o verbo *cantar* não guarda relação com edificações, pois, em essência, é a expressão vocal por meio de construções frasais que têm por base a melodia; formada por uma palavra ou mais, pode abrir mão do verbo: o *om*, por exemplo, a sílaba sagrada, mantra do hinduísmo, evoca a contemplação da realidade. Cantar, assim, é também ler, evocar e, ainda, proferir, enunciar em voz alta, isto é, vocalizar, de acordo com o ritmo e o tom; entoar, interpretar por meio do canto, dirigir, declamar, recitar, falar com andamento: cantar é dizer. Dizer é cantar?

O relato [que abre o Gênesis] descreve a criação como um evento verbal de Deus. Ele diz uma palavra que faz vir ao ser aquilo que é dito. Deus disse: "seja a luz." E a luz foi (Gênesis 1, 3). "Dizer" é, no texto hebraico, *amar*, um verbo que indica o falar como um significado pronunciado e expresso. De uso comum tanto na língua ordinária quanto na teológica, o verbo se encontra em mui-

---

[4] *Ibidem*, p. 116.
[5] *Dicionário Houaiss*: cantaria.
[6] *Dicionário Houaiss*: canteiro.

tas passagens da Bíblia, sendo frequentemente usado no caso de uma comunicação que pressupõe escuta e, não raro, resposta.[7]

Existem inúmeras maneiras de cantar, logo, de dizer, afora os limites das palavras: chiar, grunhir, ranger, arruar, roncar, gritar. É o que primeiro fazemos ao nascer, o *grito natal* de que fala Zumthor: "voz plena, negação de toda redundância, explosão do ser em direção à origem perdida — ao tempo da voz sem palavra."[8] De todos os sons sem palavras emitidos a partir do perfeito funcionamento de nosso quarteto fonador, responsável pela transformação de qualquer palavra escrita em palavra audível, isto é, a enunciação, o mais curioso deles me parece o *suspiro*. O suspiro é o canto rasurado. Suspira-se de amor (paixão, ternura, lembranças, desejos), de melancolia (dor, lamento, saudade, desilusão), de contrariedade. O suspiro desliza entre o sistema respiratório, o auditivo e a *anima*, é um ato do inconsciente individual. Inicia-se no ato primeiro da respiração (inspiração) e se despede num movimento audível da própria expiração. Digamos que é uma ação subjetiva própria da respiração. Outro som que guarda familiaridade com o suspiro, mas por inversão, é o *bocejo*. No entanto, a sociedade recrimina o bocejo; boceja-se pouco, por educação, porque o bocejo parece delimitar sensações desagradáveis ao outro, como o tédio, o cansaço, a preguiça. Nos terreiros, casas de santo e de reza, indica sobrecarga energética. Mas o bocejo é uma troca de ares e sons, envoltos, revezados, é a inspiração ruidosa do ar pela boca e que constitui, nessa mesma via, também o som que sai pela boca, expirado. O bocejo é o canto embrionado.

Pela via da fé, o substantivo masculino *cantar* é louvação, é o que se faz para se elevar ao sagrado, glorificar, enaltecer; é celebrar, elogiar em versos pessoas, datas, rituais. É cântico, poema, hino. Assim,

---

[7] Adriana Cavarero, *Vozes plurais*, Belo Horizonte, Editora UFMG, 2011, p. 36.
[8] Paul Zumthor, *Introdução à poesia oral*, Belo Horizonte, Editora UFMG, 2010, p. 11.

celebrar é promover, impulsionar; é dar a algo duração na existência concreta, ainda que, na contramão, seja transformar sua existência concreta em algo sagrado; ao menos no que diz respeito a *dar forma*, todo canto é uma construção, na medida em que organiza palavras, gestos, sentimentos e, dando-lhes estrutura, constituição, retorna também em canto, em som. Uma palavra escrita é um canto (aresta) que repousa dentro de um corpo (espaço) e que só se insere na sonoridade do mundo pela voz, ao passo que a palavra falada torna a ser, primeiramente e em regresso, som. Desse modo, cantar é fundação e criação. Isto é, sob ou a partir de que fundamento principal um corpo se relaciona com o espaço? Figurativamente, o principal motivo (peça rítmica, melodia unificada de uma composição) que institui um corpo no espaço, ou seja, que o move, ondula no espaço, é a voz. É a voz que dá nascimento ao corpo, porque a voz é o sopro primevo, o fôlego da criação, o sopro da vida; é ato que começa na boca do Deus cristão, por exemplo, originando o mundo.

> A voz jaz no silêncio do corpo como o corpo em sua matriz. Mas, ao contrário do corpo, ela retorna a cada instante, abolindo-se como palavra e como som. Ao falar, ressoa em sua concha o eco deste deserto antes da ruptura, onde, em surdina, estão a vida e a paz, a morte e a loucura. O sopro da voz é criador. Seu nome é espírito: o hebraico *ruah*, o grego *pneuma*, mas também *psiché*; o latim *animus*.[9]

Ao distanciar voz (palavra) e voz (objeto), encontram-se outras subdivisões, como a voz artística, literária, poética (a voz como estilo e dom), e constata-se que, em contraste com a imagem (olho), a voz foi desterritorializada e vem sendo relegada ao sagrado, ao mistério, ao sobrenatural. A voz dos espíritos, a voz dos

---

9   Paul Zumthor, *Introdução à poesia oral, op. cit.*, p. 10.

a fala, o canto, a voz   161

fantasmas, a voz do além — abstração, travessia, comunicações que nos chegam como presságios e para os quais não se encontra explicação ou certeza, apesar da magnitude de sua fragilidade e procedência de casualidade. No que diz respeito à palavra escrita — concreta, provada, válida, canonizada, platônica —, despede--se a voz de sua unicidade e impõe-se que assuma uma acepção coletiva, potencialmente oficial, e passe a ser a representação de uma junta de muitas outras vozes, diluindo-as e unificando-as: a voz de Deus, a voz da intuição, a voz do povo, a voz do coração, a voz da autoridade, a voz da consciência, a voz da sabedoria, a voz da experiência — embora permaneça carregada da impre-cisão (também em grandeza) que lhe é característica. Porém, a voz que então se desinstaura do corpo uno — voz una, retina una, digital una — e passa a representar, desalojada, a concordância, lastra um dissenso em relação ao canto: quem se dispõe a cantar, primeiramente funde-se a si, incorporando-se pela escuta de si, encarna-se, mas o faz para reintegrar-se ao coletivo pelas dobras das brechas — voz desabalada — e reverbera-se para reaver sua singularidade. Voz é reconstituição de si. Hino mudo que se ani-nha nas estrias dos músculos e se mantém à espera: à espera da fala, à espera do canto, à espera do outro. Conforme nos canta Mateus Aleluia:

Canto um canto de adoração
Canto um canto de meditação
Canto um canto de libertação
Canto o canto das massas, eu sei[10]

A memória é soberbamente vozeada. E as vozes, assim como os peixes, os animais de pasto e os ladrões, andam em bando.

---

[10] Mateus Aleluia e Pastoras do Rosário, "Filho do Rei", *Olorum*, Gravadora MCD, Selo SESC [dist. Tratore], 2020, faixa 5, 5 min 1 s.

À revelia de arquivação possível, detida, acotovelam-se em nossa caixa acústico-afetiva e ensejam informação genética, comportamental, e remetem-se às circunstâncias de nosso curso sobre a terra. Às vezes, nos saltam moduladas, editadas, e demanda certo esforço reconstituí-las — encorpá-las na lembrança, dar-lhes sopro —, vigorá-las para que vençam a tortuosidade inerente à natureza do som, que escapa. Assim, cada ser é veículo desse vozerio — *as vózes vinham-lhe em gradações de sonoridade — vózes graves, soturnisadas e prophéticas de canto-chão e vózes angélicas e frescas de choraes gloriosos nas Dulias matutinas e floreadas de Maio*[11] — e integra-se a ele como a um coral, na medida em que encaminha e é encaminhado por cada uma das vozes que povoam e lhe sobrevoam a vida e seus ciclos; estabelece com essas vozes, sobretudo sem saber, uma educação por meio da escuta voluntária e involuntária. É na voz alheia que germina a voz individual — por isso falamos, por isso cantamos, por isso vozeamos e contamos histórias — para que a memória se estabeleça continuamente em voz viva, e se perpetue como um bem de que não se suspeita, encarnado nos corpos.

Portanto, classifico as vozes de acordo com o que imagino ser sua *procedência*, se é que posso me colocar como *destino* (recepção), ao passo que, como ser falante, também sou *origem* (emissão): vozes decorridas — vozes que decorreram, que se fixaram brevemente, mas que passaram, vozes que *estão*; vozes transpassadas — vozes que penetram e atravessam, para em seguida transpor-se, vozes que *acontecem*; vozes recorrentes — as que retornam ou parecem retornar, que impõem sua presença pelo hábito ou pelo extraordinário, secretando sua extensão, mas que se irmanam — vozes que são grão de outras vozes — em nosso auxílio. É a voz-matéria, vozes que *são*. De acordo com essa

---

[11] Cruz e Souza, "Nirvanismos", in: Cruz e Souza, *Evocações*, Rio de Janeiro, Typographia Aldina, 1898, p. 347.

classificação, a voz de Stella do Patrocínio é uma voz recorrente. É uma voz que evoca — torna-se presente pelo exercício da memória e da imaginação[12] — e assim capta, porque chama em resposta, materializando-se em conexão com o extranatural. Também é uma voz que invoca — chama em auxílio, pede a proteção de forças extranaturais[13] —, empenha-se, provoca, ensimesmada e retornante, como quem está espreitado, ou à caça. É uma voz-cisma, duplamente presente, que atende a um chamamento insuspeito e ao devaneio por esperança, e que por meio de códigos próprios dá existência — *Alma eleita e desolada nos crepúsculos da Scisma,*[14] cantada por Cruz e Souza — e guarda à sua própria mitologia:

> Tu, Alma eleita, que trazes essa sêde de Espaço, essa anciedade de Infinito, essa doença do Desconhecido que te fascina os nervos, que vieste ao mundo para fallar pelas outras boccas, para ser a voz viva de todas as vózes mortas; tu, que andas em busca de uma dôr que venha ao encontro da tua; tu, que interpretas tanta queixa, tanta queixa, tanta queixa dos Corações, tanta queixa dos Espiritos, tanta queixa das Almas, tudo porque não ha resposta a esta pergunta horrivel: porque nos deram a Vida?![15]

Assim, o *Falatório* de Stella encena um canto longo — ou um poema em muitos cantos — que acolhe sua alma (*anima*), o princípio vital, o espírito, ao passo que põe em jogo seu *logos*, seu anseio (*eros*) por criar-se e dar nascimento ao *Reino dos bichos e dos animais* (eu). Pressupõe-se que escutas são infinitas, mas o *Falatório* também poderia ser ouvido como um cântico, ou como um conjunto de odes devotadas a um algum tipo de frequência

---

[12] *Dicionário Houaiss*: evocar.
[13] *Dicionário Houaiss*: invocar.
[14] Cruz e Souza, *Evocações, op. cit.*, p. 269.
[15] *Idem*, "Espelho contra espelho", in: Cruz e Souza, *Evocações, op. cit.*, p. 268.

energética do *extratempo* para flagrar, reivindicar e denunciar o contracanto a que foi relegada sua existência no cárcere racial de um manicômio. Epopeico por sua grandiosidade e grau temático, narra e historiza episódios que se passam num contínuo indeterminado, no extraterreno da subjetividade, e dispõe conjuntamente de um número estimado de moços[16] (personagens secundários, antagonistas) que encarnam no aparelho[17] (protagonista) Stella do Patrocínio. Desse modo, a heroína do *Falatório* é a voz de Stella. E, justo pelo aspecto transitório da voz, a trajetória[18] dessa heroína é amétrica — pois não há precisão de medida de tempo —, usa *falas* brancas (versos brancos), *falas* livres (versos livres), e conta com pelo menos sete refrões, conforme já demonstrado. Em lugar de *estrofe*, mais uma vez reitero a nomeação *estância*, porque estância diz respeito a *lugar amplo* — no qual a contagem de falas se perderia. Não escolho estância por se tratar de sinônimo de estrofe, mas porque se refere a território, a moradia (novamente *canto*), isto é, o corpo de Stella como moradia e fundação de sua voz — o *cantus* na polifonia da instituição asilar ao passo que ressoando no vigor sonoro da totalidade desse astro —, enquanto estrofe diz o oposto, refere-se à parte, *divisão*.

O desejo da voz viva habita toda poesia, exilada na escrita. O poeta é voz, *kléos andrôn*, segundo uma fórmula grega cuja tradição remonta aos indo-europeus primitivos; a linguagem vem de outra parte: das musas, para Homero. Daí a ideia de *épos*, palavra inaugural do ser e do mundo: não o *logos* racional, mas o que a *phoné* manifesta, voz ativa, presença plena, revelação dos deu-

---

[16] *Dicionário Houaiss*: moços, "6. Regionalismo: Piauí. Na encanteria, cada um dos seres espirituais que encarnam nos *aparelhos* (médiuns)".
[17] *Dicionário Houaiss*: aparelho, "6. Regionalismo: Brasil. No candomblé, na umbanda, na encanteria etc., médium que recebe um espírito ou um orixá".
[18] *Dicionário Houaiss*: trajetória, "2. Física: caminho percorrido por um *corpo* ou partícula em movimento".

ses. O primeiro dos poemas constitui em "fazer" o *épos* como um objeto e em colocá-lo entre nós: *épo-peia*.[19]

Tendo em vista a questão da ausência da métrica, uma vez que nasce da *fala* e não intenciona voluntariamente o *verso*, tampouco a oralidade, ainda que próximo da *canção*, o *Falatório*, se transcrito de acordo com as inflexões da fala de Stella, em inúmeras e pontuais passagens, também poderia ser lido (ouvido) como um poema em prosa. Esse gênero, iniciado e difundido no Brasil por Raul Pompeia, como projeto finissecular que se voltava contra a tradição do metro, pretendia que "quando o sentimento fala, a linguagem não se fragmenta por vocábulos, como nos dicionários. É a emissão de um som prolongado, a crepitar de consoantes, alteando-se ou baixando, conforme o timbre vogal".[20] Pompeia começara a publicar poemas em prosa em periódicos brasileiros em meados de 1883, mas essas composições só foram reunidas em livro em 1900, sob o título *Canções sem metro*, sendo, portanto, contemporâneo do *Evocações* (1898), de Cruz e Souza. É evidente que Pompeia escreveu e Patrocínio falou, mas é interessante atear essa comparação ao propósito de eloquência das *canções* de Pompeia e ao *efeito* da eloquência dos cantos de Patrocínio. Pompeia intencionava aproximar-se, no verso branco, do ritmo encantatório da fala a partir do sentimento posto, manifesto, tentando transpor a prosódia à forma quase pictórica de seus poemas, e justo por isto: canções, isto é, buscava aproximar-se do corpo vivo da palavra, buscava a voz-som, o sopro primevo. Patrocínio, de maneira inconsciente ou, quem sabe, extrafrequencial, a meu ver, executou o projeto de Pompeia em seu *Falatório*.

---

[19] Paul Zumthor, *Introdução à poesia oral, op. cit.*, pp. 178-179.
[20] Raul Pompeia, *O ateneu*, Rio de Janeiro, Civilização Brasileira, 1981, p. 161.

É uma voz que fala — não esta língua, que é apenas epifania: energia sem figura, ressonância intermediária, lugar fugaz onde a palavra instável se ancora na estabilidade do corpo. Em torno do poema que se faz, turbilhona uma nebulosa mal extraída do caos. Súbito, um ritmo surge, revestido de trapos de verbo, vertiginoso, vertical, jato de luz: tudo aí se revela e se forma. Tudo: simultaneamente o que se fala, aquilo de que se fala e a quem se fala. Jakobson já havia assimilado (como por brincadeira) esta circularidade, invocando a "função encantatória" da linguagem.[21]

Ainda a título de exemplificação comparativa cismada, na parte inicial de *Canções sem metro*, Pompeia igualmente encena uma cosmogonia, mas da seguinte maneira: as *cores* — representando a vida natural anterior ao Caos; as *estações do ano* — relacionadas e intrincadas ao surgimento das idades de Ouro, Prata e Bronze, conforme as *Metamorfoses* de Ovídio, por exemplo; o *dilúvio* — detidamente tratado no poema "Ilusão renitente". A partir daí, entram em cena e em existência, epigrafados por Dante e o livro do Gênesis, os seguintes poemas-personagens: "O mar", "A floresta", "Os animais" e, por fim, "Os minerais". Neste último poema, quem apresenta os principais minerais, "os filhos do fogo", que representam a vaidade e "a devassidão do reino subterrâneo", é Satã. Em seguida, surgem "O ouro", "O ferro", "O salitre", "O diamante", "O mármore", e retorna-se então a "A terra": "incitarei contra eles miasmas e vermes."[22] Mas é justamente no primeiro poema do livro — "Vibrações" —, que abre a sequência inicial citada, que Pompeia traz *o som* para a sua cosmogonia; o som anterior ao caos, a vibração primeira que dá existência e continuidade à vida e ao mundo como ciclo e que persiste eterna-

---

[21] Paul Zumthor, *Introdução à poesia oral, op. cit.*, p. 177.
[22] Raul Pompeia, *Canções sem metro*, Campinas, Editora da Unicamp, 2013, p. 200.

mente como som — do abismo à galáxia e à rotação dos corpos celestes. O som, assim como a luz, o perfume e o verme, é a origem e o retorno *extratemporal* do ser, indeciso entre o eco e a visão. Logicamente, esse som primevo é a voz, que vibra o *sentimento* — corpo e espírito — e vibra a vida por si, como se dissesse "Gente é pra *vibrar*".[23]

Vibrações

> *Como os ecos além confundem seus rumores*
> *Na mais profunda e mais tenebrosa unidade,*
> *Tão vasta como a noite e como a claridade,*
> *Harmonizam-se os sonos, os perfumes e as cores.*
> Charles Baudelaire

Vibrar, viver. Vibra o abismo etéreo à música das esferas; vibra a convulsão do verme, no segredo subterrâneo dos túmulos. Vive a luz, vive o perfume, vive o som, vive a putrefação. Vivem à semelhança os ânimos.

A harpa do sentimento canta no peito, ora o entusiasmo, um hino, ora o adágio oscilante da cisma. A cada nota, uma cor, tal qual nas vibrações da luz. O conjunto é a sinfonia das paixões. Eleva-se a gradação cromática até à suprema intensidade rutilante; baixa à profunda e escura vibração das elegias.

Sonoridade, colorido: eis o sentimento.

Daí o simbolismo popular das cores.[24]

---

[23] Paródia de um verso do poema "A extraordinária aventura vivida por Vladimír Maiakóvski no verão na Datcha". Cf. Boris Schnaiderman *et al.*, *Maiakóvski: poemas*, São Paulo, Perspectiva, 2006, p. 90.
[24] Raul Pompeia, *Canções sem metro*, *op. cit.*, p. 63.

Ainda remetendo-me ao *Falatório* como epopeico, por via subclassificatória, ou ainda a uma extensão da classificação à cosmogonia patrociniana, amplamente seccionada no capítulo anterior, desejo trazer outras miniepopeias mescladas e intrinsecamente cosmogônicas em outras obras, de outras vozes, que também cantam a origem do mundo e o curso do ser sobre a terra. Refiro-me, sobretudo, ao que há de epopeico na forma como os kashinawá, entre o Acre e os Andes, registraram em cantos seu espanto em relação ao plantio e o cultivo vegetal, aliando cosmovisão e subsistência, o *eu* que se indaga perante a terra (plantio, nascimento) e a terra (espaço universal, o sol central). *Que terra é essa onde estou indo/ que terra é essa vovó/ Que terra é essa, que terra é essa/ onde nós crescemos/ Pro sol do nascimento onde estou indo,*[25] e as enunciações de seu mundo natural, onde tudo *fala* e tudo *canta* — sejam as folhas das árvores, os cestos trançados ou as estrelas; sejam a arara plumosa e as representações (desenhos) das plumas dessa arara. Tudo canta porque o som está na origem e no destino dos ciclos, constitui a matéria vibrátil — a vibração — presente no nascimento e renascimento (tornar a nascer) do ser e da terra vibrando "à música das esferas", de que nos fala Pompeia. Em suma, o canto que é ele próprio uma ode atordoada, espantada aos corpos celestes: *Quebrado quebrado/ girando e caindo no chão/ quebrado quebrado/ girando e caindo no chão/ a folha da samaúma/ quebrada girando/ e caindo no chão (...) A pluma da bela arara vermelha/ o desenho da pluma cantando para Maspan (...) A árvore do pensamento/ quebrada girando/ e caindo no chão (...) Piscando piscando/ fazendo brilhar as estrelas.*[26] Por

---

[25] Do canto ameríndio "Chegando a primeira vez", dos kashinawá, Sergio Cohn (org.), *Cantos ameríndios*, Rio de Janeiro, Azougue Editorial, 2012, p. 24.
[26] Do canto ameríndio "Alegrando as estrelas", dos kashinawá, Sergio Cohn (org.), *Cantos ameríndios*, *op. cit.*, pp. 29-31.

fim, o som relacionado ao mistério em si mesmo, ante discurso de fundamento da existência em Lao Zi, que ressalta, transmite e reafirma esse mistério em movimento, o *curso*. Assim, quando leio o Dao, sob a perspectiva do princípio constante do universo, entendo a voz como origem-via retornante do ser, portanto, retornante ao curso, retornante ao próprio Dao; ou a voz como um possível *quinto mediador* do universo. Afinal, mesmo *silente*, quando mediado pela nomeação, *soa*:

25.

há algo indefinido e perfeito
antes de nascerem céu e terra

silente! apartado!
fica só   não muda
tudo pervade   nada periga

pode ser considerado a mãe sob o céu

eu não sei seu nome

dou-lhe grafia: Dao

forçado a nomeá-lo digo: grande
grande soa: além
além soa: longínquo
longínquo soa: retornante

portanto
o curso é grande
o céu é grande

a terra é grande
o mediador é grande

no universo há quatro grandes
o mediador é um dos quatro

o homem segue a terra
a terra segue o céu
o céu segue o curso
o curso segue a si[27]

O *Falatório*, mediado pela nomeação, também pode ser apresentado como o silente que soa — *grande, além, longínquo* e *retornante* —, é canto e é canção. Do mesmo modo, a voz de Stella — "o lugar da voz é a concha matricial, nos confins do silêncio absoluto e dos barulhos do mundo"[28] —, quando se desincorpora da palavra viva para incorporar-se à palavra escrita, efetua sobre ela um triplo processo de mediação: primeiro pela fala-escuta (transitório), em seguida pela escrita (transcrição, textualidade) e, por fim, pela leitura (recepção). Portanto, escrita e leitura, a primeira pela circunstância de suspensão e a segunda pelo estabelecimento dos pontos surdos de recepção e encaminhamento, igualmente atuam, forçam um retorno ao silente, porque *longínquo soa*. Também porque a origem do *Falatório* é a oralidade (tradição, fundamento) — "funcionamento da voz como portadora da linguagem"[29] —, seu trânsito se dá pela vocalização (presença, encaminhamento) — "conjunto das atividades e dos valores da voz, independentemente da linguagem"[30] — e seu destino é a escuta

---

[27] Lao Zi, *Dao De Jing*, São Paulo, Hedra, 2014, p. 89.
[28] Paul Zumthor, *Introdução à poesia oral, op. cit.*, p. 181.
[29] *Idem apud* Adriana Cavarero, *Vozes plurais, op. cit.*, p. 27.
[30] Adriana Cavarero, *Vozes plurais, op. cit.*, p.27.

a FaLa, o canto, a voz 171

(recepção, memória, transcriação). Ou seja, na vibração da voz de Stella, "se estende, no limite da resistência, o fio que liga ao texto tantos sinais ou índices retirados da experiência [discurso]",[31] porque se encontra com essa voz enquanto voz, ressoando a si mesma, e tornando-se contínua e primeiramente *canto*, para, em seguida, pela escuta, tornar-se *canção*. Por tudo isto, intencionar-se na escuta da voz poética corporificada de Stella — a que os registros em áudio nos dão passagem — é o modo mais detido de transitar por seu *Reino dos bichos e dos animais*, destrinchando e erigindo as pistas de sua cosmogonia, para forçar passagem à sua *composição*.

> A voz poética se encarrega de colocar em cena um saber contínuo, sem quebras, homogêneo ao desejo que o sustenta. Mais que o conto (visado por Lévi-Strauss e Gehlen), a poesia oral constitui, para um grupo cultural, um campo de experimentação de si, tornando possível o controle do mundo.[32]

Assim, a composição em Stella do Patrocínio é tríplice: vocal (fala), poética (palavra viva) e musical (canto, canção); e, ao passo que se equidista de uma *finalidade*, está imbuída de *intencionalidade*, porque seu veículo primevo é a voz, e a voz pressupõe escuta, e a escuta pressupõe *relação*. Precisamente por isso, o *Falatório* — canto, canção, epopeia, divinação e fundamento de si —, a meu ver, extrapola ser ouvido como sendo sua obra vocal, que de fato também o é, porque a obra não se encerra nos registros, mas demanda, ainda, o escoamento de sua *lírica*, pois sagra-se a partir dos sentimentos e dos pensamentos do ser, poeta, pítia e porta-voz Stella do Patrocínio. Pelo simples fato de ter se instaurado no mundo como áudio, falta-lhe que seja copiado em série,

---

[31] Paul Zumthor, *Introdução à poesia oral, op. cit.*, p. 178.
[32] *Ibidem*, p. 181.

isto é, falta o *Falatório* tornar-se um disco de poesia, visto que sua matéria constitui essencialmente a matéria própria da poesia: palavra e som. É preciso então ainda desenovelar a *linha melódica* e o *padrão rítmico* do *Falatório*, ouvir o modo como Stella marca o compasso de certas estâncias pelo estabelecimento da percussão corporal — suas mãos batucam nas coxas —, construindo assim lentamente a harmonia de seu canto pelo gesto que marca as enunciações.

Ouvir a maneira como o corpo de Stella interfere e pontua sua fala, sobretudo quando silencia, é um caminho para se conhecer profundamente sua poética e o modo como ela se origina, atravessa e se efetua também em canção sem nunca deixar de ser *canto* — ora epigramático, ora pictórico — de seu poema longo. Em suma, Stella compositora e intérprete de seu *Falatório* em disco, aos moldes (sem o *muzak*) da antologia poética de Drummond;[33] ou, para que figure, na canção e no canto, entre suas contemporâneas — suas vozes-irmãs, que, enquanto Stella era encaminhada com diligência para a morte dentro de um manicômio, felizmente perseveraram, escoaram em verso e som. Assim, no Brasil, sua composição e sua voz irmanam-se à lírica de dona Ivone Lara, ao canto vissungo-celestial de Clementina de Jesus, à vitalidade com que versava Jovelina Pérola Negra, à elegância dolente de Alaíde Costa, à trilinguagem acurada de Dolores Duran, à evocação íntima de Elizeth Cardoso; nos Estados Unidos, liga-se ao blues que repercute o rio Mississípi, ao *spiritual* dos afro-americanos, ao folk supersticioso e direto de Odetta, ao funk cosmogônico de George Clinton; no mundo, ao rock pelo modo de dizer, ao rap pelo tempo do dizer, ao hip hop pela sentença do registro, ao repente pela colcheia que nasce do imprevisto, do dito que parece impensado, e às vênulas divinas do rocksteady jamaicano de

---

[33] Carlos Drummond de Andrade, *Antologia poética* [disco de vinil], Polygram/ Philips, 1978.

Allton Ellis e Hortense Ellis. Enfim, porque o canto de Stella retumba o que diz Martinho da Vila e João Bosco no samba "Traço de união", primeiramente gravado por Beth Carvalho em seu disco homônimo de 1982:

> Este canto é muito forte, irmão
> É um forte traço de união
> É linda a sua história
> E a história deste canto
> É a mesma história desta nação[34]

Tendo analisado a obra poética (o dito, discurso poético) intrincada à obra vocal, resta-me agora, enfim, analisar a voz de Stella do Patrocínio. Falo da voz anterior à palavra, nascida de sua garganta e imbuída, fisicamente, em sua obra vocal (o dizer, prática discursiva); tento realizar esse procedimento de compreensão e reconhecimento atraída por essa "voz enquanto voz, como se oferece ao cantar",[35] e o que me propulsiona a realizar essa tarefa é justamente o desejo de ir em direção ao "prazer que esta voz põe na existência — na existência como voz",[36] isto é, a tarefa de textualizar o modo como minha escuta mapeia e testemunha a voz manifesta no canto de Stella vibrando no espaço. Não é uma tentativa de apreendê-la, posto que escapa; é uma tentativa de penetrar nessa voz ainda mais profundamente, sobretudo pelos *gestos de fala* e pelo modo como *canta* em meus ouvidos. Desse modo, empenho-me agora na inauguração desse novo caminho

---

[34] Beth Carvalho, "Traço de união", *Traço de união*, RCA, 1982, faixa 7, 3 min 31 s. A letra gravada por Beth Carvalho difere da letra presente no registro da versão gravada por Martinho da Vila em seu disco *Criações e recriações*, BMG Brasil, 1985.
[35] Italo Calvino, "Um rei à escuta", in: Italo Calvino, *Sob o sol-jaguar*, São Paulo, Companhia das Letras, 1995, p. 78.
[36] *Ibidem*, p. 79.

para a fruição do *Falatório*, a comentar enfim essa voz de acordo com o tom, o timbre, o ritmo, os fluxos, trechos, paradas, modulações, inflexões; também segundo os modos de enunciação, entoação, temporalidades: tentativas de estabelecer o regime de sua voz. Afinal, o que uma *voz* quer *dizer*?

> Uma voz significa isso: existe uma pessoa viva, garganta, tórax, sentimentos, que pressiona no ar essa voz diferente de todas as outras vozes. Uma voz põe em jogo a úvula, a saliva, a infância, a pátina da existência vivida, as intenções da mente.[37]

Assim, o que primeiro se nota na postura vocal de Stella do Patrocínio é o modo como se dá seu processo de respiração, tendo em acordo que sua *fala* é consequência da forma pela qual movimenta os pulmões no ato duplo de inspiração e expiração. É desorganizado o fluxo comum de entrada do oxigênio, primeiro pelas fossas nasais, por meio da contração do diafragma e dos músculos localizados nas costelas — a inspiração —, e a condução de saída do oxigênio pela faringe, laringe, traqueia, brônquios, bronquíolos, oxigenando as células antes de retornar à boca transmutado em energia a ser expelida em seu meio — a expiração. Ou seja, Stella administra a entrada do oxigênio predominantemente pela boca, o que pode ser caracterizado tanto por uma oclusão nasal momentânea (gripes, resfriados, alergias) como pode se dever a uma oclusão óssea. Entretanto, esse dado talvez se esclareça pela obviedade de um fato conhecido: Stella, como a maioria de internos à revelia da precariedade sistêmica das instituições totais no Brasil e em virtude dos altos custos de tratamentos dentários, perdera os dentes. Ou melhor, seus dentes foram, um a um, arrancados.

---

[37] *Ibidem.*

a fala, o canto, a voz   175

Stella encontra-se desmineralizada, visto que os dentes são elementos que compõem o tecido orgânico dos maxilares superior e inferior e servem sobretudo à mastigação dos alimentos, sendo também de grande importância no auxílio à articulação das palavras e dos sons. Os dentes formam o arcabouço da boca, constituindo uma espécie de arena onde a língua precisa se amparar para a realização dos movimentos que possibilitam a vocalização das palavras; também amortecem esses movimentos de modo a ensejar a acústica bucal para uma melhor articulação dos sons. Assim, ao escutar Stella, tem-se a impressão de que sua boca é uma câmara vazia na qual o oxigênio e o gás carbônico circulam revezando-se livremente; as palavras e os sons preenchem e envolvem sua cavidade bucal e são retidos pela atração gravitacional, como na atmosfera que envolve a Terra. A justa consequência da ausência dos dentes é o trabalho triplo a ser efetuado por sua língua que, para articular as palavras e modular o som nessa camada de gases, recorre ao amparo do palato, das gengivas, da parte interior das bochechas e aos lábios, pois, suprimido o arcabouço dentário de apoio e sustentação, a vocalização exprime uma maleabilidade física e torna-se eco de uma fisiologia que fora adulterada.

Desse modo, esmerando-se, sua voz persevera ao passo que expõe todas as minúcias dessa ausência. O resultado é surpreendente, pois não se evidencia nenhuma pressa ou atropelos na enunciação, ao contrário, há um apuro em sua fala, um esmero em realizar toda a operação da fala que não encontra amparo físico na boca mas, em diálogo com sua caixa de ressonância, se reconstitui na inflexão de sua voz com distinção. Stella raramente oscila, de modo brusco, em seu tom de voz grave e breve, ligeiramente hesitante, e que se mostra vigoroso na entrada, nos começos das frases, mas predominantemente baixo na saída, unindo por entendimento força e tensão. É uma vocalização que parece ser ocasionada por uma ruptura, a qual dá início à enunciação de uma frase, mas que, depois de entrar em negociação com essa energia, se aplaina, se alonga em um volume decrescente, sem render-se à frouxidão. Constrói-se, assim, no tom, uma espécie de candura ironicamente anasalada que se manifesta dentro da escansão preestabelecida na prosódia. O som de saída que predominantemente se ouve da boca de Stella é sentencioso, formulações de decisões de fala que se manifestam a partir da vocalização, na voz e, por consequência, no sentido do *Falatório*. É como se o começo de fala abrisse um caminho tortuoso que, em seguida, se inflexiona, reconduzido por um tom cândido.

Toda voz, sendo formada por ondas sonoras, oscila e se modula a partir de um sem-número de motivações existenciais — angústia, revolta, cansaço, fome etc. — e de ruídos externos do ambiente — "muitos sons interpõem-se, frenéticos, cortantes, ferozes: a voz dela desaparece sufocada pelo ruído de morte que invade o lado de fora ou que talvez ressoe dentro de você",[38] sons que invadem, picotam e também ajudam a mediar o *Falatório*. É o que se observa em outros momentos, quando a voz que se apoderou dela mesma, como se fizesse as pazes consigo, perde o recato e Stella inverte o procedimento aqui descrito: as enunciações acrescem com lividez e se espicham no desenrolar de certas estâncias do *Falatório* com cadência regular, compassada, que parece buscar uma conclusão sem alarde. Então, o desacordo surge, e o que era quase plano, quase tátil, explode com violência, como se algo dentro de seu corpo se rompesse. Numa possível *retomada*, Stella passa a adotar novamente um tom de voz mais linear, de timbre ainda mais grave, que empurra a fala boca afora numa tonalidade excessiva, mantendo a nova inflexão adotada até o fim da estância e, muitas vezes, elevando o tom até a pronúncia da última sílaba. Assim, a voz de Stella exprime e contorna sua condição:

---

[38] Italo Calvino, "Um rei à escuta", *op. cit.*, p. 81.

Diferentemente dos textos e das fotografias, a voz vem de dentro da pessoa, secreta sinais físicos, não verbais, de uma aura, de uma dicção, de uma classe social, de uma época, como se projetasse corpo e alma em holograma, direto do inconsciente pessoal e social. Por um instante, a voz revela mais do que uma obra completa. Ela deixa transparecer bruscamente certas verdades difusas, *lamacentas*, que estão estampadas e ao mesmo tempo ocultas nos textos.[39]

Portanto, indo e vindo de seus manguezais, a voz de Stella também escoa, escorrega da memória de seus dias bons, em liberdade, transcorridos à época em que relata ter sido uma *viajante*. Nessas estâncias, a melodia dessa voz torna-se mais cristalina, como se depurada pelo sonho, e volta a ser uma voz ainda mais viva, que se recorporifica e se encarna na falante rememorando o alívio que traz, ao mesmo tempo, a lembrança e a promessa de um lugar a ser revisitado: (...) *Viajei São Paulo, Rio de Janeiro, Petrópolis, Belo Horizonte, Minas Gerais, São Paulo* (...).[40] Noutras passagens, percebe-se também o enlevo com que Stella modela sua voz ao falar do *estudo* e de sua formação, e faz uma parada quase pitoresca para mudar o idioma, para reiterar seu conhecimento: (...) *Estudei em livros, francês, linguagens/ comment allez-vous? Como você tá?/ thank you very much/ o tanque da Vera tá cheio de mate/ ça va bien? A senhora vai bem?* (...).[41] Na mesma toada de lembrança atrelada ao prazer, e num sopro de quem deseja, aspirando o ar com mais calma, Stella detalha sua formação: (...) *Fiz o curso de primário admissão ginasial normal; (...) não sou professora mas tive o trabalho de estudar letra por letra frase por frase folha por folha e fiz um trabalho de...* (...).[42]

---

[39] José Miguel Wisnik, "O que se pode saber de um homem?", *piauí*, n. 109, out. 2015.

[40] Stella do Patrocínio, Acervo de Carla Guagliardi (ACG) [03 Stella... tem mais de 12 anos], 00'30".

[41] *Ibidem*, 11'54".

[42] *Ibidem*, 12'33"; 12'45".

uma encarnação encarnada em mim

Essa repetição de substantivos é muito comum no fluxo do *Falatório* e muitas vezes enseja o ritmo primordial da fala de Stella: pela repetição das palavras, é comum que efetue um enfileiramento de sinônimos para melhor clarificar o entendimento, por parte da interlocutora, do que está sendo falado. Assim, como as listas de vocábulos semelhantes pelo som e pelo significado, Stella executa essa operação também com os verbos — (...) *Falei muito falei demais falei tudo que tinha que falar/ declarei, expliquei, esclareci tudo* (...)[43] — e, às vezes, pelo que revela na respiração, faz pausas irregulares entre os vocábulos semelhantes, dado que explica essa transcriação ter ou não vírgulas nos intervalos. Ela usa ênfase também para ter a certeza de que foi escutada ou de que se fez ouvir e compreender, por exemplo, quando diz: (...) *Eu acho lindo muito bonito/ muito lindo muito bonito/ muito muitos prazeres* (...);[44] ou quando diz: (...) *Todo dia todo instante todo minuto toda hora* (...).[45] Essa ênfase também se manifesta quando Stella assume um tom de fala mais categórico, como se pretendesse epigramar uma fala, operação que assim resulta: (...) *Eu tenho vontade de ganhar dinheiro mas não tenho vontade de produzir nunca* (...).[46]

Em todo o *Falatório*, há um tom de voz específico que exprime máxima contrariedade, carregado de uma atitude de desvio, como se o tema da conversa a levasse a entoar as falas em outra temporalidade. Esse tom se manifesta quando surgem assuntos como casamento, marido, filhos, vida conjugal. Stella parece desentender-se dos sentidos dessas palavras, ou tentar efetuar, no tom de voz, seu desentendimento. Entra em cena então a veladura, a voz-tabu, como se quisesse ganhar tempo para elaborar uma resposta que parece estar obstruída em seu pensamento, talvez atrelada a um trauma, que insiste em não ser resposta ou não se revelar como

---

43 *Idem*, ACG [01 Peço, em acesso...], 00'04".
44 *Idem*, ACG [03 Stella... tem mais de 12 anos], 04'54".
45 *Ibidem*, 10'50".
46 *Ibidem*, 07'33".

tal. Pela instantaneidade do questionamento, sem modulação, não é possível saber se entoa com ironia, ressentimento ou revolta. Assim, quando a interlocutora pergunta "Você se casou?", Stella retruca: (...) *Me casei como?* (...); a interlocutora replica "Você já foi casada?" E Stella titubeia: (...) *Casada como?* (...) A interlocutora triplica: "Já morou com um homem?" E Stella prossegue: (...) *Morou com um homem como?* (...) Inconformada, a interlocutora se esmera: "Assim, viveu junto com um homem, um parceiro. Você não sabe o que é casar?" E Stella escamoteia pela quarta vez, e sua voz assume ainda outra tonalidade, dessa vez a tonalidade do devaneio explicativo: (...) *Casar é ter filhos durante muitos dias semana mês o ano inteiro/ ficar com a casa cheia e cheia de preocupação em si/ com companheiro e com os filhos (...)*.[47] Nessa estância, a conversa prossegue e encaminha-se conforme o rumo estabelecido por Stella, mas a pergunta fica sem resposta.

Em qual cidade Stella do Patrocínio nasceu? Ainda não se sabe ao certo, mas o estado, ao que tudo indica, é o Rio de Janeiro. Sendo carioca ou fluminense, o sotaque do estado é predominante — com variações para o sotaque mineiro — porque Stella dá som de "r" ao "s", de maneira oscilante: às vezes "mas" soa "mar", "mesmo" soa "mermo", "dez" soa "dér", "dias" soa "díar"; a conjunção "mas" também pode soar "máis" e "mesmo" soar "meismo"; "gosto", do verbo conjugado, soa "góisto", "fudida" é "fudíada", "vitamina" soa "vitamíana", "mim" é "míam", "é" pode soar como "éam", "dentro" às vezes vira "dento", entre outros, procedimentos muito naturais da prosódia do Rio de Janeiro, em inúmeras regiões do estado. Assim como os encontros consonantais — "pl" que vira "pr", como "multiplicar" soa "multipricar", e os gerúndios muitas vezes encurtados em "respirano", "procurano", "aconteceno". Noutros momentos, Stella articula as palavras pelo modo como são escritas,

---

[47] *Ibidem*, 13'15".

a dita norma culta, em situações em que parece estar com a atenção voltada para a intenção de fala; noutras, sibila, chia, zumbe e acentua de acordo com o ritmo que estabelece para o momento. Quanto às sílabas, em geral saem escandidas, com paradas ora enfáticas, ora oclusas, para retomar o ar.

Mais nítida é a maneira como Stella enche os pulmões para falar, concentrando todo o ar dentro da boca e acionando a expiração nas últimas sílabas das palavras, às vezes fazendo uso do plural, às vezes do singular, de maneira muito livre. Raramente sussurra, tampouco grita, mas usa também o tom do segredo, de quem divulga uma informação sufocada: (...) *Como marginaaaal/ como ma-LANdra/ na malandrági/ na vagabundági/ e na vadiági como marrrginaL* (...).[48] Sua pronúncia não carrega artificialidade, é melopeica, harmoniosa; também tem paixão e, claro, alguns arroubos de fúria; tampouco há indício de glossolalia — Stella não entra em transe, não fala pelo desconhecido e sua articulação não remete a nenhum tipo de distúrbio de linguagem. Ao contrário, sua voz vibra e ressoa, tem um bom alcance e duração, é apurada, há nitidez na dicção, é minuciosa (sobretudo nas ausências) e reiterante. Mais que tudo, Stella não se precipita quando fala — pensa, medita. O andamento de sua voz é um curso alterado por ela, e sobre o qual tem bastante controle. No que diz respeito aos fonemas, percebo as seguintes alterações, que, é certo, dizem respeito à ausência dos dentes: o "m" soa "b", o "n" ligeiramente soa "d"; o "t" soa "d", mas o "d" ligeiramente soa "t"; o "f" soa "v" e o "p" reveza-se com o fonema "b", instintivamente. Não captei o uso de gírias, tampouco de onomatopeias. Stella não se apoia em nenhum tique de linguagem, é uma fala — à exceção da reiteração/repetição — sem vícios.

O que uma voz diz sobre si mesma? Emergida da caverna da garganta, e sendo o instrumento musical inato, pregado ao

---

[48] *Idem*, ACG [02 só presto...], 09'16" (alterações ortográficas minhas).

corpo, a voz faz do corpo seu alto-falante e, antes de ressoar no exterior, invadindo as escutas, é no corpo que, assim como no pôquer, a voz dobra sua aposta, repica; ou, como no futebol, a voz, assim como a bola, retorna depois do quique, sofre um rebote e retorna ao corpo. Conforme um bumerangue íntimo entre o corpo (garganta) de quem fala e o corpo (ouvido) de quem ouve, uma voz se pendura na esfera acústica do mundo de maneira imediata, constantemente ameaçando se concretizar à medida que já se concretizou e passou, mas sua principal característica é estar pendente, movente. Esse tipo de ação da voz torna-se ainda mais claro quando, em certas passagens do *Falatório*, tem-se a sensação de que Stella não está falando, mas realizando a leitura de um texto postado à sua frente. É uma fala do tipo mais sóbria, na qual efetua a marcação de paradas, como se lesse seus pensamentos no próprio ato da fala, ou como se estivesse em pleno acordo com o que pensa no ato de fala. Contudo, esse procedimento também parece relacionar-se com um conteúdo de fala tratado anteriormente, como se Stella soubesse o que deve, quer e precisa repetir, os já mencionados *refrões*, esmiuçados no capítulo anterior: (...) *Quando o sol penetra no dia dá um dia de sol muito bonito muito belo* (...).[49]

Nessa mesma instância, e em congruência com o procedimento de ação/reação da voz no corpo do falante, devido à movência do som, há os episódios em que Stella — diferentemente do tom que se assemelha a uma leitura de sua própria fala — parece *assumir* a captação de sua fala. Como se sua fala lhe estivesse sendo *ditada*, talvez por outra frequência comunicativa advinda de outras zonas de conexão de seu corpo com uma força além dela, exterior a ela, mas *recebida* por ela de forma plena. Aí entra em cena a voz do cavalo, que chega sem aviso ou relação com o assunto anterior; trata-se do

---

[49] *Idem*, ACG [04 Me ensinaram...], 22'11".

momento em que Stella proclama instintivamente uma fala e assume o timbre da invocação e da evocação, que, misturadas, produzem um efeito profético de muita intensidade, como se Stella proclamasse a voz que fala dentro de sua cabeça ou a voz que se encarna em seu pensamento. Vigorada, o que a fala ressoa é um tom de voz mais austero e resoluto que acompanha um fluxo de pensamento que parece pairar sobre sua cabeça ou em alguma esfera inominável. Stella também parece receber essa onda e transmiti-la, ora como um jorro (sobrecarga), ora como que modulando a energia (carga) desse fluxo, como uma antena. A exemplo: (...) *É o aparelho armas e máquinas/ bronze chumbo ferro aço enigmático/ meio de transporte: ônibus lotação trem avião bicicleta e motocicleta/ eu trabalho de cabeça larga maior do que a parede do que a varanda do que o prédio/ do que o mundo familiar/ boto o mundo familiar todo dentro/ subo dou explosão/ desço dou explosão/ como correnteza demais do que monstro eletrônico/ elétricos e automáticos (...)*.[50]

Recorro ainda a outras instâncias do *Falatório* para discorrer sobre outro tipo de conexão estabelecida por Stella, dessa vez no que diz respeito ao tema da fé, da crença, da religiosidade. Deus — (...) *E é a mesma mulher é o mesmo homem é a merma criança é mermo bicho é mermo animal é o mermo espírito é a mesma alma/ é o mesmo Deus é a mesma Nossa Senhora é o mesmo Menino Jesus no tempo* (...)[51] — é um personagem recorrente e, ao tratar dele, Stella assume ainda outra tonalidade, que não é a da leitura dos pensamentos, tampouco a da fala *ditada*, mas um timbre carregado das notas comumente usadas para proferir falas e pensamentos que concernem a uma possível *sabedoria* popular e canonizada, os famosos *dizeres* cristãos. Um timbre reflexivo, pausado, revestido de *bondade*, de quem passa adiante uma informação já absorvida e incorporada ao inconsciente coletivo, mas que carece

---

[50] *Ibidem*, 21'35".
[51] *Ibidem*, 09'25".

a fala, o canto, a voz

ser repetida para ser *lembrada* e reendossada. Esse tom de fala não parece estabelecer parelelo com o jorro, com o que brota de sua boca e de seu espírito, pelo contrário — parece ser um esforço para conferir *validade* à sua fé perante a interlocutora. É assim quando Stella chega a mencionar ser um anjo — (...) *Sou de Deus/ um anjo bom que Deus fez/ para sua glória e seu serviço* (...)[52] — ou quando afirma ser protegida por pessoas que são anjos da guarda: *são os anjos da guarda/ anjo bom e anjo mau/ mas são os anjo bom e os anjo mau/ que me fazem o bem/ anjo da guarda* (...).[53]

Cabe ressaltar que, em inúmeros espaços do *Falatório*, Stella faz alusões a esse cristianismo popular, à proteção divina do Deus bíblico. O discurso poético *oficial*, de certa forma, parece encobrir, sobretudo pelo tom de voz tranquilizador, a dimensão e variedade de sua fé, como se Stella evitasse revelar, na relação de fala e gravação, outro tipo de religiosidade, mais sincrética, que diz respeito também ao candomblé e à umbanda (também ao espiritismo), religiões conhecidamente perseguidas pela Igreja católica e pela sociedade, apesar de amplamente difundidas e praticadas, por serem originárias das populações diaspóricas, dos cultos negros afro-brasileiros. O que Stella escamoteia em sua voz no *Falatório* não se pode afirmar. Mas, de tanto pensar sobre os *silêncios* que permeiam os áudios, normalmente pontuados pelo evite, pelo desvio, pelo que talvez pensasse *não poder* dizer, encontrei uma resposta quase alusiva a essa questão — e que de certa forma corrobora uma das teses do ensaio, manifestadas em mim por um simples paralelo cultural — e que, depois de tanto escrever a respeito, veio a iluminar a parte final da redação deste capítulo. Isto é, ao ler um registro de atendimento contemporâneo à gravação dos áudios, de acordo com a transcrição dos médicos, Stella faz uma revelação condizente com a temática e a poética

---

[52] *Idem*, ACG [01 Peço, em acesso...], 09'18".
[53] *Ibidem*, 16'50".

184 uma encarnação encarnada em mim

do *Falatório*: "Paciente diz que fizeram sua cabeça, seus braços e não foi ela que fez. Não queria nascer, não queria pular, não crescer. Queria ser nada e nada ser, porque não sabe fazer nada. Só passa fome se os outros transmitirem para ela que estão com fome, essas pessoas que a acompanham na sua vida e na morte. Pergunto quem. Declarou que tem que receber espíritos. Pessoas do terreiro de espírito, porque é médium de centro."[54]

Padre Nosso africano

Padre Nosso com Ave Maria
securo camera que tanazambê
tanazambê, ê
tanazambê, ah
bamba jambê, ah
bamba jambê, ah[55]

Desse modo, o canto ritmado de Stella, atabacado, entremeado pelo batuque das mãos sobre as coxas para marcar o compasso das falas, ressoa o som produzido pelos engraxates, também o som seco das lavadeiras batendo as roupas nas beiras dos rios brasileiros. Ressoa ainda uma roda de capoeira — pelo modo como parece *gingar* com a voz e depositar no ato próprio dos movimentos de boca a ginga que não lhe é possível expressar também com o resto do corpo, pelas brechas, seja pela dança, seja pela música, e pelo canto, sim — pernada, rabo de arraia, armada, martelo, voo de morcego, meia-lua, queixada —;

---

[54] Este registro de atendimento datado de 21 de janeiro de 1988, transcrito por médicos e enfermeiros que consultaram Stella, é um material levantado e publicado por Anna Carolina Vicentini Zacharias, *Stella do Patrocínio: da internação involuntária à poesia brasileira, op. cit.*, p. 118.

[55] Vissungo de enterro entoado por Ivo Silvério da Rocha e publicado em Sônia Queiroz (org.), *Vissungos no Rosário*, Belo Horizonte, FALE/UFMG, 2016, p. 28.

seja pelo jogo vocal espelhado nos movimentos corpóreos, no passe, no golpe, na boca do mestre que puxa e conduz o canto: (...) *Se eu rasgar aquela pesada no meio de meio a meio/ dé dé der uma **gambada**[56] no chão e na parede (...)*.[57] É a fala que parece ser disparada e calibrada por uma flecha repentina, ou ainda sons-gancho, sons-pinça que realocam palavras aqui e ali numa determinada estância para privilegiar a clarividência do som que parece desejar sair como melodia, mas que na maioria das vezes escapole como *sopro* crítico, denuncioso, que expõe as violências do corpo negro colonializado e escravizado: (...) *Ô Nelly eu já disse que eu sou escrava do tempo do cativeiro/ fui do tempo da tua bisavó da tua avó da tua mãe/ agora eu sou do teu tempo (...)*.[58] Assim, o *Falatório* também remonta às ladainhas dos escravizados, à linha melódica e ao padrão rítmico dos vissungos, sobretudo pela repetição — de ações, palavras, temas — e pelo uso sadio de refrões. O canto como fonte de união, de preservação linguístico-cultural, de resistência; o canto que se move à ascensão, à elevação espiritual, como salvação; o canto como libertação.

Habitamos um astro que não é senhor de sua luz, mas que, ao girar em torno de um corpo celeste, discreto, mas central, e de luz própria, reflete sua luz. Assim faz Stella à terra, à poesia brasileira contemporânea.

---

[56] Palavra não dicionarizada, provavelmente oriunda do catalão, que significa "passo, pernada". No Brasil, popularmente, é a "perna torcida em arco", "banda" ou "rasteira", isto é, passos de capoeira. Já "gamba", de acordo com o *Novo dicionário banto do Brasil*, *op. cit.*, p. 121, de Nei Lopes, é "troça, brincadeira"; em primeira acepção é "adepto do culto omolocô", de "camba". "Camba" tem inúmeras acepções, mas, em sua relação com o verbo "cambar", diz respeito a "andar sem firmeza ou equilíbrio", de *cambaio*.

[57] Stella do Patrocínio, ACG [02 só presto...], 08'08".

[58] *Idem*, ACG [04 Me ensinaram...], 14'28".

riscando luz
Angenita

haea heidia ooa heidia iii aa

estrela grande
riscando luz
riscando luz
estrela grande
riscando luz
riscando luz

seu imenso céu

estrela grande
riscando luz
seu imenso céu
estrela grande
riscando luz[59]

---

[59] Rosângela Pereira de Tugny (org.), *Cantos e histórias do morcego-espírito e do hemex*, Rio de Janeiro, Azougue Editorial, 2009, p. 199.

3

A GEOGRAFIA DA VOZ

Transcrição acústico-topográfica do *Falatório*

> *Os Signos Estão no chão*
>
> *)O Céu(*
>
> *Espelho Finito*
>
> *(Um Grito)*
>
> *CEGO SURDO & MUDO*
>
> Arnaldo Xavier[1]

no conto "um rei à escuta", de Italo Calvino, uma das obras basilares à escrita deste ensaio, encontro duas metáforas peremptórias que ensejam outra proposição de escuta e, em paralelo, de visualização do *Falatório* — um canto, em essência —, a partir de uma perspectiva geográfica. Segundo essa proposição, é o ouvido que almeja reenviar a escuta textualmente, na tentativa de cartografar esse canto no espaço — no papel, como alegoria, reinserindo também a escuta desse canto na suspensão das ondas sonoras, como som mapeado, pictórico —, visando a transfigurá-lo novamente em fenômeno físico atrelado aos eventos biológicos (fisiologia) e às circunstâncias do ser (subjetividade) que *fala* (direção), isto é, que ao retornar se transforme não só em voz, mas em geografia, posto que se relaciona com os efeitos manifestados na escuta do ser que *ouve* (área).

---

[1] Arnaldo Xavier, *Rosa da recvsa*, São Paulo, Pindaíba, 1982, p. 21.

É também um método de composição poética, podendo ser aplicado à escuta e à fruição de outros cantos, nesse caso, leva em consideração pelo menos dois canais de escuta: a escuta primordial e a mediação das interlocutoras à ocasião de gravação, e a minha escuta, ultimada até aqui. Como resultado, apresento uma espécie de *contracanto* do *Falatório*, *forma* e *mapa*, que tenta acolher e registrar o momento da fala a partir da escuta do ser que *ouve* e também *translada* (limite). Trata-se de oferecer outra fundação, provisória, à voz de Stella do Patrocínio para multiplicá-la — voz como visão de superfície, regionalizada — a partir de sua origem primeira de vibração — o corpo físico, para torná-lo corpo espacial. Trata-se também de um jogo de percepção demarcatória, sustentado pelo desejo e pela necessidade de interceptar as emissões feitas pela boca de Stella em descrição geográfica, a descrição desta terra, deste *Reino dos bichos e dos animais*. Assim, Calvino nos diz:

> Átrios, escadarias, varandas, corredores do palácio possuem tetos altos, em forma de abóbadas: a cada passo, cada estalo de fechadura, cada espirro ecoa, ribomba, propaga-se horizontalmente numa sequência de salas comunicantes, vestíbulos, colunatas, portas de serviço, e verticalmente por bombas de escadas, intervalos de tetos, poços de luz, condutores, tampas de chaminés, vãos de elevadores de cargas e todos os percursos acústicos convergem para a sala do trono. No grande **lago de silêncio** em que você flutua desembocam **rios de ar** movidos por vibrações intermitentes; você as intercepta e decifra, atento, absorto. O palácio é todo volutas, todo lobos, é um grande ouvido em que a anatomia e arquitetura trocam de nomes e de funções: pavilhões, trompas, tímpanos, espirais, labirintos; você fica achatado no fundo, na região mais interna do palácio-ouvido, do seu ouvido; o palácio é o ouvido do rei.[2]

---

[2] Italo Calvino, "Um rei à escuta", in: Italo Calvino, *Sob o sol-jaguar*, São Paulo, Companhia das Letras, 1995, p. 63 (grifos meus).

Lago de silêncio, rios de ar. Tomando a metáfora *lago de silêncio* como partida para uma nominata de conceitos, categorias de demarcação que geológica ou ocasionalmente também podem variar, observo a perspectiva geográfica de que parece ter partido Calvino: um lago, segundo a definição geomorfológica, constitui a "acumulação permanente de águas em grande extensão numa depressão de terreno fechada".[3] E me pergunto, para nortear a representação de minha nominata, que deriva da de Calvino: por que não lagoa? Lagoas constituem pequenos lagos, rasos, mínima extensão de água parada; igualmente podem designar charco,[4] atoleiro, lodaçal. Porque o silêncio, assim como a voz, na vastidão de um reino, é provisório, isola-se para retornar, é o contracanto dessa estância ruidosa. Aprofunda-se, demarcado, como uma inquietação; configura-se a partir da porção do que se priva, do que se interrompe para acolhê-lo e inseri-lo no espaço. Ou seja, flutua-se no grande lago de silêncio que é a própria consciência, a sala do trono. A partir disso, avisto a península em que se situa — flutuante como as ondas sonoras — o ser que escuta, pois pressupõem-se raros os rios que desembocam em lagos, mas "rios de ar movidos por vibrações intermitentes", por sua vez, passam a constituir o sopro, o fôlego, a respiração do falante imerso em seu lago de silêncio. É do ar contido na boca muda que o corpo do rei/do ouvinte/de Stella vibra, intermitentemente, até virar voz, jorro. Voz como rota de fuga do corpo, um curso, voz como movimento de deságue, do que não se fixa e retorna à natureza (ser/seres), partindo-se em outras vozes (águas) e sendo encaminhadas por elas. Voz é rio.

Partindo do rio como voz (passagem) e do silêncio como suspensão em estado de lago (instante), escuto originar-se, dentro do *Falatório*, aquilo que passo a chamar de *vale de angústia muda*, a várzea cultivada, como deslocamento da inquietude desse silêncio

---

[3] *Dicionário Houaiss*: lago.
[4] *Dicionário Houaiss*: charco, "1. água parada, rasa, suja e lodacenta que se espalha no chão".

voltado para uma região de interioridade mais profunda ao pé de um assunto (montanha) ou à beira do rio (voz). É nas ocasiões de *vale de angústia muda* que Stella parece impedir a própria voz, negando-se ao canto, operando num nível de quietude abaixo do *lago de silêncio*, inserindo-se no desnível entre essas superfícies. É quando não oferece a fala. Por isso, é necessário que, entre os *lagos de silêncio* e os *vales de angústia muda*, sejam pontuadas as pausas, que são inúmeras e de tipos variados, de acordo com suas durações: a pausa breve, ocorrida no tempo de uma vírgula ou no tempo anterior aos dois pontos (:), e estreita em relação ao espaço, é representada pelo *istmo*;[5] a pausa média, ocorrida no tempo de um ponto e vírgula, a entrepausa, recebe o nome de *restinga*;[6] a pausa longa, por sua vez, constitui a *lagoa*, por delimitar uma pausa quase semelhante ao lago de silêncio, mas anterior a ele, porque menor em espaço e duração. Também por acepção desdobrada, identifico a *lagoa apedrejada*: momentos em que Stella ou a interlocutora — ou ambas — se cala, e em que os ruídos oriundos das manifestações externas à gravação preenchem a cena enunciativa.

É importante ressaltar que, com raras exceções, os áudios de registro do *Falatório* são permeados de ruídos justapostos que formam uma camada de som constante que se autorrecombina e ora se desloca de um canal a outro, amainando-se, ora se sustém entre oscilações, como noise[7] e nevoeiro.[8] *Névoa*,[9] por sua

---

[5] *Dicionário Houaiss*: istmo, "1. Rubrica: geografia. Estreita faixa de terra que liga duas áreas de terra maiores (p. ex., unindo uma península a um continente ou separando dois mares)".

[6] *Dicionário Houaiss*: restinga, "1. Rubrica: meteorologia. Faixa de areia ou de pedra que se prende ao litoral e avança pelo mar; 2. terreno arenoso e salino, próximo ao mar e coberto de plantas herbáceas características".

[7] Estilo de música industrial.

[8] *Dicionário Houaiss*: nevoeiro, "1. nebulosidade que se constitui de grande número de gotículas de água suspensas na camada mais baixa da atmosfera e que difere da nuvem apenas por estar mais perto da superfície terrestre; nevoaça; 2. ausência de clareza, de entendimento; obscuridade, sombra, nevoaça".

[9] *Dicionário Houaiss*: névoa, "1. Rubrica: meteorologia. Vapor atmosférico menos denso que a cerração; neblina, nevoeira. 2. falta de visibilidade, de transparência".

vez, são as regiões onde não me foi possível compreender o que Stella diz — assim como as interlocutoras e outras internas — ou parece querer dizer. No entanto, esses ruídos que irrompem, se desmembrados da massa, e quando derivados da interferência humana direta (a interrupção por parte de outras internas ou profissionais), eu os classifico como *ravina*.[10] Quando é Stella quem interrompe o *Falatório* para dirigir-se a uma pessoa que está fora da cena da gravação, trazendo-a para o contexto enunciativo, e conduzindo-a para um caminho de conversa, ouço abrir-se uma *vereda*.[11] Porém, quando ocorre a que identifico como a maior das interrupções — o corte físico na gravação original das fitas —, porque insere muitos desvios à escuta do *Falatório*, silenciando seu fluxo, interrompendo o cozimento das falas, há o que identifico como *barranco*.[12] Quando esse corte é efetuado pela interlocutora, como maneira de desviar do assunto em questão, dou-lhe o nome de *barragem*.[13] Quando é Stella quem efetua esse corte, ouço abrir-se um *golfo*.[14]

Quanto à voz de Stella — branda, terna, determinada —, se posso medir a extensão de seu tom em quantidade de terra, afirmo que seu tom seja de *planície*, porque soa planificado na quase totalidade de sua extensão e altitude pouco variável, de superfície regularizada pelo som durativo; porque há áreas gramadas que respondem à constância de vida natural onde se pode ouvir o diz-

---

[10] *Dicionário Houaiss*: ravina, "1. escoamento de grande concentração de águas pelas encostas; 2. depressão no solo produzida pelo trabalho erosivo dessas águas de escoamento".

[11] *Dicionário Houaiss*: vereda, "1. caminho estreito, senda, sendeiro; 2. caminho secundário pelo qual se chega mais rapidamente a um lugar; atalho".

[12] *Dicionário Houaiss*: barranco, "1. quebrada do terreno, alta e de forte vertente, ocasionada por chuva, deslizamento ou pela ação do homem; baiana".

[13] *Dicionário Houaiss*: barragem, "2. barreira que impede o fluxo de água ou de materiais sólidos (solo, neve etc.); 3. Rubrica: construção. Obstáculo artificial destinado a interromper, reduzir ou modificar um curso de água".

[14] *Dicionário Houaiss*: golfo, "1. reentrância marítima de grande porte, maior do que a baía".

a GEOGRAFIA DA VOZ

-que-diz-que[15] do arbusto ao fundo. Por tudo, uma voz sedimentada (mediada) por outras vozes. Abaixo do tom de planície — o tom de fala que parece o tom de uma leitura retraída em voz alta —, quando se interioriza ou recua, beirando a fala meditativa, temos o *desfiladeiro*;[16] é claro que, quando o tom habitual de planície se eleva e podemos nos aproximar do cume, temos um *planalto*; nos momentos em que Stella explode em voz, sobe alguns tons — ainda que se mantendo em região anterior ao grito —, temos o *vulcão*.[17] Desse modo, olhando as formas de relevo do *Falatório* de cima e tentando ouvi-lo a partir do que se esparge no papel, pode ocorrer de uma restinga cruzar com um lagoa apedrejada, de uma lagoa sobrepor-se a uma ravina, de uma vereda abrir caminho para um vulcão. Afinal, essa transcrição acústico- -topográfica é uma maneira de imaginar em trânsito o impalpável mas verificável: a voz, o canto, a geografia.

Sendo o *Falatório* um canto mais que mediado, que também é dirigido, orquestrado e minerado em grande parte do tempo pelas interlocutoras, é também dessa longa conversa cujo propósito é a escuta que, de diversas vias, brota o canto: *mineração*,[18] perguntas dirigidas a Stella, comentários sobre objetos próximos (gravador, máquina fotográfica, talvez uma lupa) ou observações de contemplação vegetal (árvore). Também quando solicitam a lembrança de certas histórias ou personagens que já tiveram passagem pelo *Falatório*, por exemplo, "uma tal criança que foi gerada", ou, ainda, eventos, como uma ida ao zoológico realizada pelo grupo. Já o

---

[15] Toquinho e Vinicius de Moraes, "Tarde em Itapuã", *Tocando*, Philips, 1977, faixa 7, 4 min 4 s.

[16] *Dicionário Houaiss*: desfiladeiro, "1. Rubrica: geologia. Passagem apertada entre os contrafortes de uma serra ou cadeia de montanhas; garganta, estreito, passo".

[17] *Dicionário Houaiss*: vulcão, "1. Rubrica: geologia — abertura, na crosta terrestre, através da qual o magma e seus gases associados são lançados à superfície".

[18] *Dicionário Houaiss*: mineração, "1. ação ou efeito de minerar; trabalho de extração do minério; 2. depuração do minério extraído das minas".

material de fala que Stella devolve a essas *minerações* geralmente se dá de duas maneiras: de forma objetiva, uma resposta devolutiva a uma pergunta ou a uma sequência de perguntas e respostas, configurando a *água de mina*;[19] ou, quando de posse de determinada palavra poética e profética, Stella devolve às *minerações* outro tipo material de fala que não o prosaico, então se configura o *córrego abrasado*;[20] por fim, quando Stella escapole à *mineração* e faz uma revelação de fala (canto), proclamando, exprimindo sentenças, sobretudo em momentos preludiados por um *lago de silêncio*, no qual parece cozer a grandiosidade de sua revelação; quando Stella parece responder a um fluxo próprio de pensamento em andamento e toma a palavra — rejeita ou reelabora a palavra dada pela interlocutora —, tomando também posse de sua própria voz, origina-se a *catarata*.[21]

Portanto, proponho sobrevoarmos o *Falatório* para avistá-lo e ouvi-lo de cima, na tentativa de oferecer a apreciação desse canto como parte do mobiliário terrestre, ao passo que, sendo originário da voz, compõe um corpo celeste que nenhuma textualidade, jamais, será capaz de conter. Esclareço que o intuito não é o da mediação — apesar da mineração —; o que proponho é uma representação, um cultivo, um desfrute, enquanto conservo a expectativa de que, em breve, outras e muitas pessoas também possam cultivar e desfrutar dessa voz de maneiras ainda mais novas e variadas. É um desejo de ver esse canto projetado no espaço — ainda que, ao lê-lo em voz alta, é possível que ressoe confuso, interferido em alguns ouvidos; que noutros ressoe o resultado vibratório de uma opacidade, isto é,

---

[19] *Água de mina* é uma nascente; segundo o *Dicionário Houaiss*: nascente, "6. ponto onde nasce um curso de água; cabeceira, fonte".
[20] *Dicionário Houaiss*: córrego, "1. fenda ou sulco aberto na terra pelas águas correntes; corga".
[21] Queda-d'água, cachoeira. *Dicionário Houaiss*: cachoeira, "1. torrente de água que corre ou cai formando cachão ('borbotão, turbilhão')".

A GEOGRAFIA DA VOZ   197

o vazio — em forma de maquete audiográfica ou graficoacústica ou geossonora.

Essa primeira composição poético-arquitetônica é um experimento que pode funcionar como *arcabouço sonoro para ondas do Falatório*; não para contê-lo ou delimitá-lo, mas para tentar cartografá-lo. Baseia-se integralmente em toda a extensão do áudio mais longo, o [01 Peço em acesso...], que tem 29 min 56 s de duração e no qual Stella do Patrocínio é gravada e mediada por Carla Guagliardi na maior parte do tempo — antes da entrada de Carla (03'51"), outra pessoa faz a interlocução, provavelmente Nelly Gutmacher. Tampouco delimitei as estâncias — conjuntos de falas — que estão dispostas num grande bloco, conjunto. As *falas* aparecem em *continuum*, respeitando o fluxo de escansão do pensamento no ato imediato de cada fala em si.

Assim, recapitulando a nominata, que é também parte genética dessa transcrição acústico-topográfica, e para melhor considerá--la, apresento a seguir um breve glossário e um conjunto de legendas com as observações basilares da Geografia da Voz.

silêncio/ suspensão
Lago de silêncio – ausência de som de fala de Stella ou das interlocutoras.
Vale de angústia muda – Stella se nega ao canto, não oferece a fala, impede a própria voz.

hesitações/ pausas
Istmo – pausa breve; tempo da vírgula ou do fôlego.
Restinga – entrepausa; tempo do ponto e vírgula.
Lagoa – pausa reflexiva, longa; semelhante ao *lago de silêncio*, mas menor em espaço e duração.

Ruídos/ interrupções/ sobreposições de som

Lagoa apedrejada – quando os ruídos externos preenchem a cena enunciativa.

Névoa – ruído na compreensão da fala de Stella ou das interlocutoras.

Ravina – irrompimentos no curso do *Falatório*, por parte de outras internas, do corpo médico e de transeuntes da cena enunciativa.

Vereda – Stella interrompe o *Falatório* para se dirigir a alguém que está fora da cena, convidando essa pessoa para a conversa e introduzindo sua voz na gravação.

Cortes/ desvios

Barranco – corte físico de gravação nas fitas originais.

Barragem – desvio feito pelas interlocutoras.

Golfo – desvio feito por Stella.

Tons de voz de Stella

Planície – tom habitual; planificado em extensão, de altitude pouco variável.

Desfiladeiro – tom interioriorizado, que recua; fala meditativa semelhante a uma leitura retraída em voz alta.

Planalto – tom planificado que se eleva, excêntrico à planície; voz acima do nível do mar.

Vulcão – supertom; explosão em voz, mas anterior ao grito.

Mediação/ mineração

Perguntas, comentários, observações, provocações feitas à Stella que desembocam as seguintes reações:

Água de mina – respostas diretas, devolutivas imediatas de Stella à mineração.

Córrego abrasado – respostas indiretas; fala apossada do sentimento poético e profético.

Catarata – jorro, fuga da mineração; tomada de posse da voz: revelação, proclamação; a catarata é preludiada pelo lago de silêncio.

Legendas

SILÊNCIO/ SUSPENSÃO e HESITAÇÕES/ PAUSAS entre colchetes: [lago de silêncio], [vale de angústia muda]; [istmo], [restinga] e [lagoa].

RUÍDOS/ INTERRUPÇÕES e CORTES/ DESVIOS entre barras: /lagoa apedrejada/, /névoa/, /ravina/, /vereda/, /barranco/, /barragem/ e /golfo/.

TONS DE VOZ DE STELLA entre chaves: {planície}, {desfiladeiro}, {planalto} e {vulcão}.

MEDIAÇÃO/ MINERAÇÃO: aquilo que determina/intui a origem de suas falas é representado entre sinais de igual, como em =água de mina=, =córrego abrasado=, =catarata=.

A mineração direta entre sinais de maior e menor < >, fonte redonda, tamanho 9; mineração indireta (outra voz entra no *Falatório*), as linhas de fala permanecem entre os sinais de < >, porém, em tamanho 8.

As linhas com falas de Stella aparecem em negrito, sem delimitação, mas destacadas do relevo geral.

Asteriscos triplicados (***): partes em que Stella batuca com as mãos sobre as próprias pernas para marcar o ritmo de certas passagens, ora enumerando, ora escandindo.

Para todos os demarcadores: fonte tamanho 8 com realce cinza.

4

DECANTÓRIO

partituras para o *falatório*

Ano, meses, já sumiu
Profeta nunca calculou mediu
Quanto tempo antigo sou
Quanto tempo antigo és
(...)

"Solando no tempo", Luiz Melodia.[1]

estar à escuta dos registros de áudio do *Falatório* é, ao mesmo tempo, afundar na garganta de Stella do Patrocínio, habitar em trânsito a propagação das ondas que emanaram de seu corpo em vibração naquele ato de fala; é também sentir o corpo vibrar com ela, recebendo e reenviando sua voz — e ascender ao seu *Reino dos bichos e dos animais* por meio de seu canto. Antes, à exceção da música, nem sequer imaginava ser possível ter a sensação física de flutuar na regularidade harmônica das cordas vocais de outro corpo — registrado em som — obedecendo às leis estabelecidas por sua matéria fônica, tentando instaurar acordos de recepção com sua energia. Colar o ouvido aos arquivos bucais e orais de Stella é firmar uma espécie de pacto com sua cosmurgia — porque anterior ao seu cosmos —; é tateá-la, revivê-la, mas de forma alguma habitá-la. Encanta-se quem ali permanece por

---

[1] Luiz Melodia, "Solando no tempo", *Mico de circo*, Som Livre, 1978, faixa 9, 3 min 30 s.

muito tempo, não só pela impressão de estar à revelia da profecia, da palavra de sentimento poético, da mensagem de natureza encarnada, mas porque some, desaparece, torna-se invisível.

Contudo, é bastante difícil ouvir seu canto e não ser tentada a fazer algo em resposta — dá-se assim o encantamento —, evitar a ação de cantar junto com essa voz, por ela e para recantá-la, sendo ponte e deságue de seu canto; ser parte de seu coro, tentar dedilhar as mesmas cordas, compartilhar de sua lira. Esse chamamento de que falo, primeiro, parece fecundar-se no corpo do ouvinte, por abrir espaços ou por radiar novas fontes de luz e calor, por fremir a pulsação; nós, em consequência, o ouvimos por nos lançarmos a ele sem a comodidade que a visão usa como guia — a audição demora a se adequar, o som é um confronto; mais e mais se convive com a *instalação* desse chamamento, e é certo que, ao mover-se, impõe-se, cresce, amplifica-se a si mesmo no corpo do ouvinte e requer, recebe enfim o nome de *pacto*. Já reverberado, espalmado, está à sua espera, e firma-se. Mas o que *falar* ao *Falatório*? Coisa alguma. Operá-lo pelas ondas para que, em resposta, possa talvez ressoar no *extratempo* de Stella e refundar seu canto e seu pensamento.

Escrevo e digo *estar à escuta* — não me é possível dizer e escrever apenas que estou a escutar, escutando, que escutei ou vou escutar novamente, que ouvi o *Falatório*, e só — porque me refiro a um estado do qual não se despede com facilidade, que não dialoga em franqueza com a *vontade*, que não depende do *querer*, porque estar à escuta é estar em permanente comunicação, em transmissão, sendo apossada e possuindo-se do composto físico e complexo do verbo encarnado no canto de Stella. Estar à escuta de uma voz, dessa voz, assim, é tentar desprender-se de si para unir-se, fundir-se à voz do outro para ouvir em silêncio nossa própria voz. Por isso, o ouvinte sente que *está* no *Falatório*, porque dele passa a *ser* parte pelo próprio corpo e tenta e sente e deseja reentoá-lo. Então, como *cantar* o *Falatório*? Pela decantação. Decantá-lo é celebrá-lo, verso e canto encolerizado, a ira do ar-

204 uma encarnação encarnada em mim

rebatamento, o êxtase da contemplação admirada. Decantar não para reter, isolar, apartar. É contrário à purificação porque a escuta é um deságue, uma *contaminação*.

Afinal a escuta, ao passo que contamina, transmite. É o que desejo aqui: *transmitir* o canto de Stella pela maneira como vibra em mim — ouvido, boca, papel: nunca pelo espelho oferecido ao corpo do poema, mas pela grade da partitura. A partir do método exposto anteriormente na descrição geográfica, na transcrição acústico-topográfica da voz, tentar aqui chegar o mais próximo possível do material gráfico do canto e do som, compartilhando as tonalidades e notas captadas pela minha escuta. Pela poesia, sim, porque também pela voz: a poesia deixa de ser a voz da linguagem, em Mallarmé, e passa a ser a linguagem saída da voz, em Valéry, isto é, voz como índice de passagem do corpo, como "espaço infinito de reenvios". Decantar para reenviar, porque decantar contém e expõe, a meu ver, algumas das ditas camadas heterogêneas de produção de sentido propostas por Meschonnic, tensionando a vocalidade, a enunciação, o enunciado, a oralidade, a performance e o ritmo de uma maneira não só metadiscursiva, mas combinatória.

Compartilho a seguir onze partituras feitas *para* o *Falatório*, não *do Falatório*, pois meu objetivo não é ultimar nenhum objeto extraído dele, mas que dele guarde parte do que intuo ser sua própria origem transcorrida, para que prossiga em seu fluxo e encontre outros ouvidos em que também possa afluir. É um material quase de todo inédito. Privilegiei estâncias (estrofes) que não foram acolhidas no livro *Reino dos bichos e dos animais é o meu nome* porque me parece necessário — senão obrigatório — revelar outros cantos desse canto que ainda não haviam vindo ao conhecimento dos leitores e ouvintes de Stella desde a época da publicação do livro citado, já transcorridos vinte anos. *Quase de todo inédito*, então, refere-se à reiteração de certas estâncias que foram em parte anteriormente transcritas por Viviane Mosé, de acordo com suas escolhas de tema e corte, mas nas quais opero agora novos cortes, tentando trazer linhas de fala (versos) que a poeta escolheu deixar de fora, mas que na minha decantação forçaram passagem.

É necessário ainda destacar que habituar-se à escuta de determinado material com a finalidade de conhecê-lo em profundidade, perscrutá-lo, é um processo insistentemente longo e que se alonga quanto mais se consegue chegar às camadas de som e de voz que se almeja. Sobretudo porque o som, por suas camadas de ondas, se desdobra, se retorce ao sentido e se multiplica a partir dele, também multiplicando-o. Indiferente ao que acontece com a escuta musical, as primeiras sessões de escuta de um material de carga poética destinado exclusivamente à fala — e por consequência ao canto — nos levam, num primeiro momento, à transcrição direta e espelhada do que foi *dito*, que já é bem tortuosa; em seguida, é possível começar a compreender as vírgulas, as pausas, os cortes; tendo esse mapeamento, já parcialmente esquematizado, começa-se a penetrar no ritmo do que foi dito no momento próprio do dito, para só aí iniciar o processo de compreensão do *como* foi dito. A partir daí, e já de posse de parte desse material derivado e compilado na escuta, é que se começa a penetrar na voz modulada, nos modos de enunciação, nas alturas, nos tons, enfim, começa-se a compreender a linha melódica da composição da fala.

Nessa decantação, sobretudo o silêncio se revela no jogo do canto, assim como será demonstrado que, nas partituras, as pausas são assíduas ao ritmo de leitura que tento estabelecer aqui, tendo como objetivo uma consequente possibilidade de *escuta gráfica* para quem agora avista, lê esse material. Logo: uma quebra de linha para pausas curtas, duas quebras de linha para pausas mais alongadas — porque guiam parte essencial do *Falatório*. A entonação e o modo como Stella opera as quebras do pensamento no ato da fala, creio que se faz necessário também tentar demonstrá-las. Desse modo, almejo que a enunciação continue a brandir — porque sempre oscilante conforme é a natureza do som — de acordo com suas fontes sonoras de emissão e o modo como se inserem no tempo desse canto.

206 **uma encarnação encarnada em mim**

Outros detalhes que são parte da composição de fala de Stella serão comentados caso a caso, como o gesto de empilhar palavras sinônimas ou antônimas (e de repeti-las), ou verbos de um mesmo radical, numa mesma fala.

Por fim, convido também a fala das interlocutoras às partituras porque são igualmente parte genética de certas estâncias, por terem minerado o *Falatório*.

Vamos à primeira:

<pre>
                    peço
               em acesso

                    falei
               muito
                    falei
               demais
                    falei
                              tudo
                         que
                         tinha
                         que
                    falar

                    declarei
                    expliquei
                    esclareci
                              tudo

                    disse
          que quando o   sol
            penetra no   dia
                   dá   dias
                   de   sol
            muito bonito muito belo

                    cant(ei)²
</pre>

---

²   Stella do Patrocínio, Acervo de Carla Guagliardi (ACG) [01 Peço, em acesso...], 0'00". Parte desse canto, os dísticos "Quando o sol penetra no dia/ Dá um dia de sol

Conforme é possível perceber, nesse canto minha intenção é a de transmutar a oralidade da fala e suas inflexões em canto decodificado, para que seja possível ao ouvinte/leitor *ouvir ao ler* as estâncias pelo modo como as palavras foram ouvidas e consequentemente anotadas e dispostas na grade. A primeira operação foi a de instituir a centralidade — a coluna vertebral da partitura — dos verbos ligados à enunciação: "pedir", "falar", "declarar", "explicar", "esclarecer", "dizer" e "cantar". Em seguida, diferenciar a *vírgula-pausa* do *corte-pausa*, isolando de um lado as ilhas de sentido generalizante — "falei tudo" e "esclareci tudo" — das sentenças que pré-enunciam as ilhas desancoradas do "falei muito falei demais" e "declarei expliquei". Estabelecendo o corte dos versos pelas pausas mais longas, a vírgula foi utilizada para isolar as subpausas dentro de cada verso. A terceira operação foi o destaque das palavras "tudo", "sol" e "dia", demarcando a voz que sobe de tom, do verso "tudo que tinha que falar" e da palavra "dias", pontuando a voz que desce de tom. Como numa gira de umbanda, Stella pede licença a Exu para iniciar sua fala, isto é, sua gira de enunciação: "peço, em acesso", atravessa a gira com a sabedoria de Nanã e se despede como Oxum, cantando.

Na segunda partitura, as pausas ficam mais nítidas: duas quebras de linha demarcam uma pausa mais longa, equivalente ao tempo de um ponto e vírgula ou para abarcar o tempo da reflexão de uma estância de fala (conjunto de fala, conjunto de verso, estrofe) na outra. Uma quebra de linha, por sua vez, demarca o tempo de uma vírgula. Assim, quando não há espaços, é indicativo de que as estâncias de fala foram enunciadas em sequência. A centralidade da estância — "tô sem poder pensar" — configura que Stella tomou a palavra e não foi minerada pela interlocutora, isto é, falou espontaneamente. Depois de tomada a palavra, o

---

muito bonito muito belo", encontra-se na página 111 do livro *Reino dos bichos e dos animais é o meu nome.*

verso "me pegam sempre desprevenida" está recuado à esquerda porque Stella baixa o tom de voz. Por fim, empilhei as palavras ou duplas de palavras que se repetem na formulação das estâncias: "me pegam", "sempre", "fazer as coisas", "sem que eu", "despre-venida". Já o recuo à direita da estância final — "tô desprevenida" — sinaliza o tom de "despedida" que Stella incorpora à fala, como se quisesse demarcar que o canto está findo:

> tô sem poder pensar
>
> me pegam sempre desprevenida
> sempre que não posso fazer as coisas
> me pegam   pra fazer as coisas
> sem que eu aguente
> sem que eu possa
>
> tô desprevenida[3]

Na partitura de número três, tem-se o caso de uma estância parcialmente minerada. A interlocutora pergunta a Stella se ela gostou da ida ao zoológico, ao que ela fala: (...) *Não gostei não porque eu não gosto de bicho/ não gosto de animais/ não gosto não* (...).[4] Em seguida, faz uma pausa reflexiva — isto é, no tempo de um ponto e vírgula — e começa a discorrer sobre o tema, ampliando-o, e acaba por pontuar o que para ela parece dizer respeito à maneira como entende o ciclo da vida. Justamente por isso, efetuei um corte nesse canto, privilegiando a tomada da palavra dentro de uma estância inicialmente minerada, pois me interessa

---

[3] *Ibidem*, 07'47". Este é um canto inédito.
[4] *Ibidem*, 14'55".

DECANTÓRIO   209

preserver a integridade do pensamento de Stella em andamento e os momentos em que erige sua voz com independência, por arbítrio. Os procedimentos para a construção dessa partitura foram em parte replicados do canto anterior, com a diferença de que, por vir já da tomada de fala minerada, a primeira estância — "sei que primeiro a gente vive" — está recuada à esquerda para demarcar não só o declínio do tom de voz como a fala que surge já descentralizada da tomada da fala. Assim, o empilhamento permanece, mas dessa vez nem todas as palavras ou estâncias de fala são agrupadas, pois achei mais interessante fazer uma única marcação, binária, entre "viver" e "morrer", já que o canto trata estreitamente disso:

sei que primeiro a gente
vive vive vive

até cansar de tanto viver
morre
até cansar de tanto morrer
vira bicho vira animal

primeiro a gente vive vive vive
cansa de tanto viver
morre
cansa de tanto morrer
vira bicho vira animal[5]

A seguir, na partitura quatro, convido a interlocutora Carla Guagliardi para dentro da partitura; afinal, ela é parte seminal do *Falatório*. Por isso, contextualizarei mais longamente a passagem. A conversa se encaminha a partir de um comentário que Carla faz sobre

---

[5] *Ibidem*, 15'02". Este também é um canto inédito.

o vento, ao perguntar se Stella, na ocasião, estava sentindo o vento. Na réplica, Stella fala "não, isso é de quem é inteligente, de quem pensa", e emenda uma reflexão sobre o cotidiano da instituição total: (...) *Aqui no hospital ninguém pensa/ não tem nenhum que pense* (...).[6] Carla pergunta "não?" e Stella responde: (...) *Não/ eles vivem sem pensar/ come bebe fuma/ dia seguinte/ quer saber de recontinuar o dia/ que passou/ mas não tem ninguém que pensa/ e trabalhe pela inteligência* (...).[7] Enfim, Carla provoca: "Pensar pra quê?" E tem início o canto a seguir. Repare que as falas da interlocutora estão em fonte de cor cinza-claro, para dar destaque às falas de Stella; começam a partir da esquerda, pois, aos meus ouvidos, Carla conduz Stella a um fluxo de pensamento que aflui e parece intencionar levar suas falas cada vez mais adiante, numa espécie de pergunta-resposta que atinge um desfecho luminoso, como será visto.

Não há pausas longas. O empilhamento na construção dessa partitura privilegiou o destaque para a primeira repetição que Carla faz a partir de uma palavra contida na fala de Stella — *tempo* —, assim como Stella também toma emprestada uma palavra de cada fala subsequente de Carla — *passa, depois, vira*. Em seguida, como num dueto, ambas revezam suas palavras, ora por espelhamento, ora por tentativa de encaminhar as estâncias a partir desse *ponto de conforto enunciativo* encontrado pelas duas, como num jogo cuidadoso. É importante destacar que a estância "da morte pra bicho pra animal", se comparada com a estância "depois apodrece", está alinhada à extrema direita, porque é quando o tom de voz de Stella atinge a elevação, juntamente com o seu pensamento, conclusivo. Ou seja, ao falar "depois apodrece", Stella adquire um tom de voz e de pensamento que não parece mais dizer respeito a um fluxo, mas a uma ansiedade, a uma irritação de chegar logo a uma possível conclusão definiti-

---

[6] *Ibidem*, 21'15".
[7] *Ibidem*, 21'25".

DECANTÓRIO

va. Por fim, para respeitar o andamento, optei por não pontuar visualmente as entonações de fala de Stella — por exemplo, ao pronunciar duas vezes a palavra "merda", sempre num tom de revolta — e o ápice. Acidentalmente, a forma da partitura resultou por assemelhar-se a um pássaro ou a um avião:

pensar pra quê?
    pra passar o tempo
        será que o tempo passa
            quem passa somos nós
          e a gente passa praonde?
                passa da vida pra morte
                    e da morte pra onde?
                      da morte pra bicho pra animal
              e depois?
            depois apodrece
          e vira o quê?
            vira merda
              e a merda vira o quê?
       continua sempre como merda

Na partitura a seguir, a interlocutora Carla Guagliardi tem novamente sua presença demarcada; é a partir de uma mineração que faz para mudar o rumo anterior da conversa — "Stella, você sonha?" — que se desenrolam essas estâncias do *Falatório*, compondo o que avistaremos aqui no canto da partitura cinco:

---

[8] *Ibidem*, 21'47". Este é outro canto inédito.

Stella, você sonha?

sonho quando eu tô dormindo

acordada

num sonho não

tô na realidade

a realidade é essa folha
esse banco
essa terra
essa árvore

é esse prédio de dois andares
é essas roupas estendidas na muralha[9]

Essa partitura é composta de duas estâncias em separado — a primeira tem início com a fala "sonho quando eu tô dormindo" e fim com a fala "tô na realidade"; a segunda tem início com a fala "a realidade é essa folha..." e fim com a fala "é essas roupas estendidas na muralha" —, mas que estão agrupadas por fazerem parte de um só fluxo de pensamento. Essa quebra dupla de linha bem ao centro da partitura refere-se à pontuação de dois eventos que acontecem concomitantemente nesse trecho do *Falatório*. Sim, há uma pausa longa e reflexiva, porém, mais do que isso, há também outro conteúdo de fala entre essas duas estâncias que fora omitido na grade. Isto é, nesse ínterim, Carla pergunta se Stella lembra de seus sonhos, e Stella responde brevemente, alegando não se lembrar de nada. Porém, sem que Carla faça qualquer tipo de mineração, Stella retoma o pensamento anterior e começa a nomear, espontaneamente, o que entende como realidade. Só por

---

[9] *Ibidem*, 28'52". A primeira parte deste canto é inédita, mas a estância "A realidade é esta folha/ Este banco esta árvore/ Esta terra/ É este prédio de dois andares/ Estas roupas estendidas na muralha" encontra-se na página 104 do livro *Reino dos bichos e dos animais é o meu nome*.

decantório   213

esse motivo, achei por bem combinar essas duas estâncias — também porque, mais uma vez, há a tomada de palavra de Stella em referência a um assunto específico, e o que privilegio e mais valorizo, como se vê, é sua nítida capacidade de reflexão aprofundada, aliada à imprevisibilidade de seu pensamento no ato da fala.

No que diz respeito ao empilhamento, é nítido que repliquei o método-chave, já amplamente exposto e desdobrado aqui, fazendo somente uma alteração ao empilhar também palavras opostas: "dormindo" e "acordada". Sobre o corte que também empilha semelhanças — a primeira aparição do verbo "ser" flexionado sobre sua segunda aparição, a repetição dos pronomes demonstrativos "esse" e "essa" —, refere-se à maneira como Stella constrói (como um prédio mesmo) seu conceito de realidade a partir de um giro de percepção de seu entorno total, de presídio, como ela mesma diz: o olhar começa na ínfima folha, atravessa a terra, defronta-se com o prédio de dois andares, mas estanca nas roupas estendidas na muralha, porque Stella não consegue transpô-la. Repare, então, que a forma da partitura também resulta e contempla duas *camadas* diferentes: o etéreo do sonho e da liberdade à esquerda superior paira no ar como uma caixa de diálogo, ancorada somente ao que lhe diz; e o espaço da realidade à direita inferior, fundada e empilhada na terra, que por sua vez ancora agora quem lhe diz. A partir dessa visada, pode-se considerar que a dupla quebra de linha que separa as duas estâncias na grade venha também a inserir essa "muralha" como a distância entre as duas camadas.

A seguir, a partitura de número seis, a primeira a ser extraída do áudio [02 só presto...], cuja interlocução nos leva a crer que é feita por Nelly Gutmacher, posto que não há semelhanças com a voz de Carla Guagliardi. Na altura da minutagem 06'35" desse áudio, sem atender a nenhuma espécie de mineração, Stella abre a fala de maneira voluntária com o seguinte comentário: (...) *Eu tenho muito*

mau pensamento/ mas não sou eu que faço mau pensamento (...).
A interlocutora replica: "Quem é?" Ao que Stella afirma: (...) *Eu não sei quem é mas não sou eu que faço mau pensamento* (...).
A conversa se desenrola e Stella em seguida elabora, verbalmente, duas maneiras diferentes que poderia escolher para matar "a família", ou seja, os pacientes com quem compartilha a "casa", isto é, o Núcleo Teixeira Brandão. Entretanto, o tema do "mau pensamento" retorna na altura da minutagem 08'04", ou melhor, é retornado por Stella, e dessa vez ele é nomeado "Malezinho Prazeres", que, conforme já comentado em capítulo anterior deste ensaio — assim como a *casa* e a *família* —, também é um personagem do *Falatório*:

> e eu inda penso
> mais assim
> um malezinho
>
> se eu rasgar aquela pesada no meio
> de meio
> a meio
> dé dé der
> uma gambada
> no chão e na parede
> jogar fora
> no meio do mato
> ou do outro lado de lá do muro
>
> é um Malezinho Prazeres[10]

É certo que, assim como no outro capítulo, neste também o tal Malezinho Prazeres figura como um nome próprio, dada a personificação que parece ter sofrido a partir da palavra "malezinho"

---

[10] *Idem*, ACG [02 só presto...], 08'04". É um canto inédito.

para denotar uma "maldadezinha", uma crueldade com que se satisfaz em pensamento na inépcia de praticá-la. Por ser Stella quem retoma o assunto, a primeira linha de fala "e eu inda penso" está centralizada; do mesmo modo, a segunda linha de fala — "mais assim" — e a terceira — "um malezinho" — aparecem entocadas logo abaixo dela, por compor essencialmente uma só linha de fala. Porém, na entonação, Stella efetua essas quebras, de pausas brevíssimas, e faz uma pausa um pouco mais alongada em seguida — como soam as pausas feitas depois dos dois pontos (:), de quem se prepara para enunciar — e prepara-se para *contar* seu "malezinho".

Isso justifica a quebra dupla de linha para a estância seguinte, "se eu rasgar", onde há o primeiro empilhamento da palavra "meio"; dessa vez, entretanto, as palavras repetidas não estão espelhadas, justamente para registrar nessa partitura um detalhe em específico: a modulação da voz de Stella percorrendo e reiterando a palavra "meio" três vezes consecutivas e uma tentativa de deixar essa modulação graficamente clara pelo simples posicionamento desencontrado dessas palavras. Já o recuo à esquerda do começo da terceira estância — "dé dé der", que resultou num misto de onomatopeia a partir de um suposto gaguejo — refere-se à retomada que Stella faz do tom de voz que inaugura este canto e assim o encerra. De todo modo, vale ainda observar todas as modulações de voz ocorridas nessa terceira estância: a partir da quarta linha de fala, "jogar fora", a enunciação é disposta ao lado direito da grade, ainda que posteriormente recue um pouco à esquerda, mas não totalmente. Esse recuo total só acontece no desfecho, quando, depois de uma pausa longa, Stella se reapropria do tom de voz predominante neste canto.

a tua alimentação verdadeira é queijo prato
de minas
muçarela
catupiry
leite condensado

e rapadura é bom
pra quem tem dentes
completos e fortes

e chá de capim limão
sai de hortelã
é bom pra garganta

bala de hortelã
é boa pra garganta[11]

Conforme visto, na partitura sete, pela centralidade, Stella mais uma vez toma a palavra nessa fala voluntária, que me parece embalada em três tipos de crítica diversos: na primeira estância, ela pontua, num sopro sem pausas, um disparo — o alinhamento que segue à centralidade da primeira linha de fala encaminha-se para a extrema direta, como quem *aponta pela fala* o que gestualmente se apontaria com o dedo —, uma lista de alimentos que considera alimentos de qualidade e aos quais, sabe-se, ela não tem acesso, mas que a interlocutora, por sua vez, teria; reitera, a título de segunda crítica, que a rapadura, embora seja também um alimento, mas um alimento popular, só serve a pessoas que têm seus dentes em bom estado — por isso o recuo agora mais à direta, como se Stella operasse por meio da modulação da voz um certo tipo de *ponderação*, como quem quer dizer "por outro lado..." —, o que tampouco é o seu caso; no que configura aqui a crítica final, isto é, a terceira e a quarta estâncias, Stella volta a

---

[11]   *Ibidem*, 16'07". Outro canto inédito.

DECANTÓRIO   217

enumerar alimentos, mas dessa vez ervas, balas de ervas, para pontuar o que parece ser uma crítica ao excesso de fala, numa tentativa de indicar um remédio para curar esse excesso de fala — por isso o recuo que se aproxima novamente da esquerda, pois a modulação de sua voz adquire um tom parcialmente conciliador, que se situa a meio caminho do tom inicial e do tom final.

Essas críticas me parecem claras, pois, logo em seguida, a partir da minutagem 16'03" desse mesmo áudio, Stella faz um pedido para a interlocutora, desejos para um próximo encontro: que ela traga maço de cigarro, caixa de fósforo, leite condensado, chocolate e biscoito de chocolate de presente. Ainda, a forma que resultou nessa partitura remonta a uma lista de compras. Por fim, a linha de fala que abre este canto — "a tua alimentação verdadeira é queijo prato" — ressoa ainda outro refrão do *Falatório* — "meu nome verdadeiro é caixão".

A seguir, na partitura de número oito, vê-se que é a primeira vez que os sinais de pontuação das linhas de fala de Stella recebem espaço na grade:

e como é que pode essa gravação
esse aparelho, né?
gravando a voz que tá sendo
palavras ao vento?!
já nasce aí gravando a voz que se fala
palavras ao vento!
e repete direitinho como a gente, né?[12]

A escolha de trazer os sinais de pontuação para dentro da partitura — suprimindo os códigos criados por mim e atrelados às no-

---

[12] *Ibidem*, 15'33". Mais um canto inédito em livro.

menclaturas dessa decantação, com exceção das pausas, do empilhamento de palavras iguais e/ou opostas e dos recuos de tom de voz — é uma tentativa de experimentação diversa de tudo o que foi exposto até aqui. A certa altura desse processo decantatório, comecei a pesar os limites desse método e me questionei sobre a possibilidade de conseguir indicar, na grade gráfica, grande parte do que foi exposto por Stella no *Falatório*. É certo que falharia, mas acolhi o erro. Partindo de um intuito bastante ambicioso, de tentar fazer com que o leitor/ouvinte reenvie Stella a partir de sua voz alta gravada com destino a uma leitura também em voz alta, quase cantada, para remontar seu canto, comecei a investigar outras maneiras de erigir a fala de acordo com toda a pontuação contida no ato enunciativo de Stella e encontrei essa passagem em específico para expor essas brechas justamente porque trata de *palavra* e *voz*. Assim, também quero deixar ainda mais nítida a indagação envolta em curiosidade da própria Stella quando diz: "gravando a voz que tá sendo palavras ao vento?!"

Trazer a pontuação para essa grade me parece tornar ainda mais clara a oralidade quase abafada até então — ao contrário, meu método em certa medida codifica a oralidade — e abre lugar à fala pura, imediatamente legível porque pertencente a um código convencional. É uma maneira de remover algumas barreiras que reconheço ter possivelmente criado quando visava criar pontes para o *Falatório*. No entanto, me questiono sobre de que modo poderia deixar essa oralidade ainda mais escancarada, e não alcanço outras opções que não resultariam num registro banalizante dessa oralidade, isto é: para conseguir decantar, mapear e grafar uma voz no papel da exata maneira como a ouço sair da boca de Stella e deixá-la vibrar no espaço, abarcando as centenas de modulações de tom, ritmo, prosódia, melodia e harmonia, acabaria desaguando num documento repleto de sinais repetidos, pontos finais sucessivos, onomatopeias, erros bobos de pronúncia e conjugação no ato da

DECANTÓRIO 219

fala, e etiquetas para referir-me aos silêncios, às pausas, às alturas e aos declínios etc. Enfim, resultaria num material que não me desperta nenhum tipo de interesse, nem como leitora nem como ouvinte, tampouco como poeta e pesquisadora; algo que estaria mais próximo de uma transcrição, que é a exata cópia gráfica de uma voz. Portanto, como prosseguir decantando?

eu queria brilhar
  queria ser limpinha gostar de limpeza
      gostar do que é bom
      gostar da vida
     saber ser mulher da vida
        dar a vida por alguém
          que tivesse morrendo
          que tivesse doente
     fazer meu papel de doutora[13]

Sigo na construção desse *Decantório* acolhendo esses momentaneamente questionados códigos, agora renovados, porque eles tratam de detalhes muito mais íntimos do *Falatório* do que a mera espacialização escrachada de uma voz, conforme sugerido no parágrafo anterior como possibilidade. E, pelo que pôde ser observado na partitura de número nove, e em todas as anteriores, também nas que se seguirão, reitero que parto do *ritmo* imbricado ao *sentido*. Uma coisa ainda lamento: a quase total ausência do registro da respiração direta de Stella nesses cantos que escolhi decantar, isto é, a respiração intencionada. Talvez isso diga respeito a distância entre o gravador — em geral posicionado sobre uma mesa — e a boca de Stella no ato da gravação.

---

[13]   *Ibidem*, 14'59". Este canto é igualmente inédito.

uma encarnação encarnada em mim

De todo modo, a respiração é acolhida também aqui nessa partitura mais recente pelas pausas, que não deixam de ser intervalos discretos de inspiração e expiração de ar. Além disso, essas pausas, sobretudo as mais longas, reflexivas, também guardam e pontuam a hesitação diante de um enunciado, ou apontam a iminência de um enunciado que, se sabe, logo será dito. O que se vê, então, nessa grade, é a grafia da confissão de um desejo de Stella, fala minerada a partir de um comentário da locutora, "você é uma estrela mesmo, você brilha". No mais, todos os procedimentos de demarcação de modulação de voz e tom, de empilhamento, recuo, repetição e entocamento de palavras estão aí contemplados e se provam uma vez mais, assim como a ausência de centralidade, por não se referir a uma tomada de palavra. Ainda, ao estreitar os olhos, o que a forma dessa partitura nos diz? Três torres de um mesmo prédio: vizinhança, convivência, solidariedade.

Na sequência, temos a penúltima partitura, a de número dez, extraída do áudio [04 Me ensinaram...]. Destaco que a ausência de estâncias oriundas do áudio [03 Stella... tem mais de 12 anos], o de menor duração em comparação aos demais, se deu porque constitui uma entrevista em sua quase totalidade, e, embora o excesso de interlocução não chegue a atrapalhar a fala de Stella — ao contrário, dali saem passagens igualmente luminosas e que já foram aqui comentadas em outros momentos —, diz respeito às biografias que ela traça sobre si mesma, as quais já foram expostas na introdução. Assim, na décima partitura, a interlocutora — presume-se que novamente Nelly Gutmacher — é acolhida novamente no *Decantório* por integrar mais um dueto do *Falatório*, nos mesmos moldes do que fora coreografado em voz por Carla Guagliardi e Stella na partitura de número quatro.

A passagem que dá origem às estâncias em que se baseia essa grade tem início com a súbita lembrança de Stella de nomes de pacientes que haviam passado pelo Teixeira Brandão — (...) *É Clarice*

Celeste Meritem Piru Sadia e Adelaide (...).[14] Logo em seguida, depois de um lago de silêncio, ela se lembra de mais uma paciente, a Prici, e dos conselhos que dera a essa tal Prici no passado: (...) *Prici, você tá precisando tomar um jeito/ porque você tá ficando muito relaxada/ você relaxou esse ano demais* (...);[15] depois de contar outros detalhes sobre ela — que, assim como todos as outras personagens aqui citadas, foi anteriormente comentada no capítulo 1 —, Stella começa a narrar, de maneira voluntária, uma ocasião mórbida que dividira com Prici, como se Prici houvesse atuado como agente funerária de seu corpo vivo e a tivesse enviado para outra esfera de existência que guarda semelhanças com um suposto "além", aqui nomeado como "mais longe possível":

teve gavetas
de ferro
me botou dentro de todas as gavetas
de ferro
e mandou encaminhar seguir viagem

pra onde?
pro mais longe possível
e aonde você foi parar?
fui parar no mais longe possível
e aí, quê que cê fez nesse mais longe possível?
continuei seguindo pro mais longe possível
e chegou?
cheguei

e voltei
gostou desse lugar?
gostei
quê que tem lá nesse espaço?
não tem nada demais[16]

---

14 *Idem*, ACG [04 Me ensinaram...], 28'02".
15 *Ibidem*, 28'33".
16 *Ibidem*, 28'57". Este também é um canto inédito.

O dueto começa justamente porque a interlocutora parece tentar compreender a que Stella se refere quando diz "mandou encaminhar seguir viagem", e lhe pergunta pra onde. Stella traz a linha de fala que é a fundação de toda essa estância e que, em paralelo, também funda esse dueto: "pro mais longe possível", que se firma, em consequência, "o mais longe possível", como um refrão isolado. Da mesma maneira, esse jogo enunciativo também copia os procedimentos utilizados no dueto com Carla — isto é, Stella empresta palavras a Nelly e Nelly as pega emprestadas de Stella, como se, para além da combinação de vozes, ambas fizessem também passos de dança; como se o ritmo de uma dependesse do ritmo da outra, como num repente que busca testar os limites do improviso que advém de um pensamento em andamento já pré-pactuado entre elas, de maneira espontânea. Na primeira estância, mais uma vez, a tomada de fala de Stella está centralizada, e as linhas de fala que se seguem estão desbastadas devido às pausas curtas que faz para dar ênfase dupla nas palavras "de ferro". Na segunda estância, o dueto está recuado e isolado à direita, na tentativa de grafar o que intuo ser a modulação de voz de Nelly e que parece querer expressar um convite para prosseguir na toada, como se puxasse Stella num canto e dissesse "conta mais". Assim, salta da grade um único recuo de linha de fala à esquerda — "e voltei" — porque Stella opera esse recuo não só com a voz, mas como se quisesse espelhar também a volta que um corpo dá no espaço.

Por fim, encaminho-me para a última partitura que compõe essa amostragem de onze partituras para o *Falatório*, embora tenha deixado de fora pelo menos outros onze cantos inéditos em descanso, os quais, futuramente, quando depurados ou assentados os métodos, podem vir a integrar uma versão ampliada deste *Decantório*. Se nunca vierem à luz em decorrência de minha vontade, que este ensaio possa servir de instigação e convite para que mais poetas, musicistas, pesquisadores, artistas sonoros e visuais

DECANTÓRIO   223

queiram se aproximar dos áudios de Stella do Patrocínio por outras vias de estar à escuta, ou que busquem ainda outras e variadas maneiras de conversar com eles e cantar com ela, para ela.

Então, o que se segue é a partitura mais antônima de todas — um canto de cinco estâncias — não só no que diz respeito à composição gráfica — excesso de voz e palavra para o espaço restrito do papel —, mas por conter várias ilhas de ritmo e sentido que, também por limitação espacial, acabaram sombreadas. A folha de papel tamanho A4 em branco não foi capaz de abarcar suas complexidades; fiz inúmeras tentativas de compor num A3, mas as imagens tampouco acolheram o que gostaria de mostrar e que, por outra via, também destoaria deste conjunto. Seria preciso um formato A1, um formato pôster. Isso se verifica de antemão pela descentralidade da primeira linha de fala, a despeito de essa estância ter sido uma tomada de palavra de Stella, e não uma mineração. Sendo assim, para conseguir transpor essa densa camada de som e sentido até o fim da estância conforme salta do áudio, tive que começar a partir de recuo à esquerda. Digamos que segui seu fluxo renunciando a certas prerrogativas.

Por outro lado, todos os métodos aqui compartilhados estão contemplados nesta peça: o empilhamento de palavras similares, dessa vez por tema — a estância de abertura dedicada aos minérios e aos elementos químicos; a segunda estância aos meios de transporte; o recuo, primeiro à direita, depois à esquerda, para demarcar modulações de voz; as pausas espelhadas nos cortes; a retomada do tom de voz da terceira estância em relação à primeira e o empilhamento que se segue em seu desenrolar, contemplando o tema da inteligência, ao que parece; a quarta estância, em consequência, desdobra e confirma o empilhamento de palavras referentes ao tema da inteligência, porém nomeando mais diretamente o que pode vir a denotar A Máquina (monstro eletrônico), ligada por derivação ao cérebro, ou ao computador ou

224 **uma encarnação encarnada em mim**

aos aparelhos menores, como o próprio gravador. É interessante observar o entroncamento relacional que Stella estabelece a partir dos minérios e elementos químicos, passando pelos meios de transporte e chegando à tecnologia.

é o aparelho armas e máquinas
              bronze
              chumbo
              ferro
              aço enigmático

meio de transporte
              ônibus
              lotação
              trem
              avião
              bicicleta
        e motocicleta

eu trabalho de cabeça larga
              maior do que a parede
              do que a varanda
              do que o prédio
              do que o mundo familiar
                  boto o mundo familiar todo dentro   subo
                                          dou explosão
                                      desço
                                          dou explosão
como correnteza demais
              do que monstro eletrônico
                          elétricos
                        e automáticos

quando o   sol
              penetra no   dia
                          dá uns dias
              de sol
              muito bonito muito belo[17]

---

[17] *Ibidem*, 22'12". É claro que este canto é inédito.

DECANTÓRIO   225

Antes de analisar a última estância, volto à terceira para apontar o que me parece ser uma estância flutuante, à extrema direita, embora em essência seja uma linha de fala que se dependura — *subo dou explosão, desço dou explosão* —, tamanha é a carga de sentido e voz dada por uma única palavra, "subo". Em um dos inúmeros estudos que fiz desse trecho do *Falatório*, cheguei a destacar essa linha de fala de sua estância de origem e considerei compartilhá--la isoladamente, suprimindo a partitura aqui compartilhada. Isso deveu-se, sobretudo, ao excesso de movimento que contém, visto que *explosão* recheia os movimentos de subida e descida entre pavimentos, ao passo que também explicita o alastramento que essa suposta explosão provoca *de fora a fora*. Deveu-se, ainda, à percepção de que a palavra "dou", espelhada à palavra "subo", está nesta contida, pois, omitido o "s", a letra "d" passa então a ser um "b". Caprichos gráficos e sonoros à parte, seguem alguns dos estudos que abandonei no caminho até aqui, a título de processo de composição:

dou explosão
subo desço
dou explosão

dou explosão
subodesço
dou explosão

Tornando à quinta e última estância dessa partitura, o que ela nos traz, mais uma vez, é um dos refrões mais marcantes do *Falatório* — não só por iniciar o áudio [01 Peço, em acesso...] e, por isso, estar contido na partitura de número um deste capítulo, cujo trecho agora recorto e destaco:

uma encarnação encarnada em mim

                    disse
    que quando o   sol
        penetra no   dia
             dá   dias
             de   sol
        muito bonito muito belo

             cant(ei)

Mas por voltar a aparecer na finalização desse áudio [04 Me ensinaram...] e nessa partitura de número onze, cujo trecho também agora recorto e destaco:

        quando o   sol
                  penetra no   dia
                       dá uns dias
              de sol
                  muito bonito e muito belo

O refrão é marcante porque, em sua primeira aparição (que se apresenta como estância), Stella aparenta ler, reflexiva, em sua gira de abertura, e nessa repetição parece apenas profetizar, em despedida, como se, transladando-se feito a Terra em torno do sol, também buscasse sua luz. Nota-se, ainda, que as grades são similares, mas não idênticas; afinal, é por meio de duas modulações de voz para as mesmas palavras que Stella opera e espraia esse canto. Pois só recantando é que se destaca e reitera a magnitude que o sol traz à Terra e à vida pelo simples fato de *penetrar no dia*, ao passo que nos revela um sentimento de possível realização alimentado por Stella no ato próprio da contemplação natu-

DECANTÓRIO   227

ral: esperança, liberdade. Mas é assim que inaugura sua chegada e é assim que se despede — abrir e fechar —, dois movimentos opostos que dizem respeito à transitoriedade e que ensejam e reafirmam a existência de um ciclo de nascimento e renascimento, inauguração e fechamento, visando unicamente ao que perdura: os ciclos, sem começo ou fim.

POSFÁCIO

NO DESVIO DE CAMINHO, UM ENCONTRO

EDIMILSON DE ALMEIDA PEREIRA[*]

---

[*] Poeta, ensaísta e professor da Universidade Federal de Juiz de Fora.

Littérature est mêlée à l'oxygène des vies.

Patrick Chamoiseau e Raphaël Confiant[1]

O PResenTe LIVRO, liricamente escrito por Bruna Beber, é a demonstração de que há uma síntese possível no encontro entre o pensamento acadêmico e a dicção poética de inspiração pessoal e intransferível. Ao seguir os passos da autora, os leitores e leitoras vão se deparar com um ensaio que é, sob muitos aspectos, um poema em fluxo. Disso resulta um texto analítico-poético ou poético-analítico que revela a interação entre a inquietude da poeta pesquisadora e o tema-vida por ela investigado. Não por acaso (ou, por provocação dele), Beber relata seu encontro com Stella do Patrocínio como um "instante extranatural", que a fez mudar sua linha de pesquisa e inaugurar um olhar outro sobre os sentidos da linguagem.

Propondo-se a dialogar com a "voz viva" de Stella do Patrocínio — "ascendente e descendente do cárcere racial (...) programado e executado ininterruptamente pela colonialidade" — Beber tensiona o universo da poesia, da antropologia e da psicanálise, afirmando e questionando, simultaneamente, as fronteiras específicas dessas diferentes áreas do conhecimento. Desse processo de embate e comunhão resultam, por um lado, uma outra percep-

---

[1] "A literatura está misturada com o oxigênio das vidas". Patrick Chamoiseau e Raphaël Confiant, *Lettres créoles*, Paris, Gallimard, 1999, p. 12.

ção da obra de Stella e, por outro, os instigantes textos de poesia e ensaio escritos por Beber.

Em certo momento, a autora comenta que seguiu o "canto de Stella de maneira involuntária" — essa outra vertente de criação que ocorre sem o desejo manifesto do sujeito. Ao dar ouvidos a esse canto, Beber rompeu com a precaução de Ulisses diante das sereias, assumiu os riscos de perder-se para traçar uma cartografia do encontro entre mulheres de gerações, condições sociais e experiências de linguagem desafiadoras do *status quo*.

Além de marcar a si mesma nessa cartografia, expondo as nuances de sua sensibilidade afetada pela escuta de uma fala em fluxo contínuo, Beber frisou em alto-relevo uma saga de profissionais da psicoterapia e das artes que entreteceram, mesmo em condições adversas, os seus processos criativos com a palavra, o corpo e a voz da autora de *Reino dos bichos e dos animais é o meu nome*. É significativa nessa cartografia a presença não exclusiva, mas predominante, de mulheres que orbitam a constelação de Stella do Patrocínio. Há que se pensar nas razões explícitas (como a consciência crítica da sororidade) e implícitas (como um chamado enigmático da psique) que revelam nessas mulheres pesquisadoras e artistas o desejo da escuta umas das outras, em meio a um cenário trincado por forças misóginas e racistas.

No início de *Uma encarnação encarnada em mim* nos deparamos com uma informação-chave acerca de Stella: a não localização da sua certidão de nascimento. Essa lacuna nos leva a considerar uma estrutura de pensamento gestada a partir de uma origem imprecisa e/ou rasurada. Do ponto de vista de uma ordem social pragmática, isso implica no apagamento da fonte epistêmica, porém, do ponto de vista existencial, nos coloca diante de uma episteme plural, indomável e crítica em relação aos sistemas de classificação das ideias.

Sob esse aspecto, em Stella estão representados os sujeitos desenraizados por diferentes motivações, tais como os embarcados nos navios negreiros, os pacientes de hospitais psiquiátricos, os degredados, as pessoas pobres — enfim, uma gama de humanidades que os sistemas hegemônicos (da economia, passando pela política e pelos padrões culturais) não "aceitam" como referências comportamentais. Por outro lado, na origem rasurada dessas humanidades articulam-se modos de ser, pensar e agir que nos ajudam a perceber os tantos outros que poderíamos ser, conforme nos provoca Stella ao enunciar que *um homem chamado cavalo é o meu nome.*

Atenta ao fato de que Stella viveu "à mercê de seu desamparo", Beber extrai dessa condição precarizada uma percepção não cartesiana, que indaga o destino humano para além da objetividade dos acontecimentos. Ao se ligar na audição da "voz viva" de Stella e nos curtos-circuitos de sua fala, Bruna Beber ilumina procedimentos similares em sua própria poética, a exemplo do que insinua em seu poema "John Cage": *partiremos/ surgiremos/ morreremos/ dos barulhos afinados/ estancados das sirenes do corpo/ de bombeiros.*

Sob a ilusão "dos barulhos afinados", o sonar poético-analítico de Beber surpreende trajetórias como a de Stella, cujo sofrimento frutificou num modo de comunicação circunscrito à condição de não comunicação por romper com os padrões de convivência dentro e fora do manicômio. O exílio de Stella da vida social se desdobrou em sua fala e gestos, enfim, numa teia de linguagens que capturou os percalços de sua internação compulsória, a solidão, a violência, a rotina de medicamentos, a amputação de uma perna, as tentativas de diálogo e o seu sepultamento como indigente.

Para o olhar poético-analítico de Bruna Beber, essa forma de não comunicação exercitada por Stella se impõe, ainda hoje, como uma rasura da fala institucionalizada que, por um lado, padroniza e viabiliza as conexões da vida prática, mas, por outro, nos afasta dos alumbramentos nascidos nos subterrâneos e nas alturas do imaginário.

Beber demonstra com riqueza de detalhes que a ruptura promovida pela não comunicação de Stella, tecida num ambiente de ruínas e abandono, derivou para uma estética imprevisível (à maneira das oscilações jazzísticas) e perturbadora (à maneira de uma reflexão filosófica negativa como a de Alberto Caeiro, para quem "pensar é estar doente dos olhos"). Ao mover as placas tectônicas da linguagem, Stella provoca um abalo nas estruturas lógicas do pensamento e da expressão, e mapeia um continente estético onde ela, "como sujeito lírico torna-se matéria de sua própria poesia".

Ao afirmar isso, Beber nos ajuda a entender que, apesar das restrições impostas pelo seu diagnóstico, Stella "capta e expõe seu canto" a partir de "uma ação lírica, reflexiva, profética". Esse argumento (delineado por teóricos como Hugo Friedrich acerca de alguns poetas da Modernidade, como Arthur Rimbaud e George Trakl) recoloca a fala e a escrita derivada da fala de Stella em outro patamar, além daquele construído pela interpretação terapêutica do seu discurso. Sob esse aspecto, o presente ensaio lança luz sobre o caráter poético da fala de Stella do Patrocínio, ampliando a perspectiva terapêutica que o aborda como tentativa de uma reorganização psíquica da paciente Stella.

Ao apreender a fala de Stella como uma articulação poética complexa e inclinada, portanto, a uma ficcionalização da experiência, Beber move o cenário da crítica literária. Ou seja, indaga como é possível interpretar essa outra dimensão do poético como os recursos consagrados pelas correntes da teoria literária. Porém, mais do que buscar respostas para essa questão, a autora nos provoca empiricamente, colocando a voz de Stella em diálogo com vozes de outras temporalidades e sistemas literários. Essa prática, do ponto de visto analítico, resulta numa interpretação caracterizada pela dissonância, em certa medida similar à dissonância que Suzanne Césaire anteviu como o estado das poéticas das áreas colonizadas em contínua fricção com os modelos das metrópoles europeias.

Ao ser confrontada com o pragmatismo da realidade, a fala poética de Stella do Patrocínio se revela como inauguração de configurações de sentido inesperadas. A radicalidade desse ato — vivido como desespero pelas pessoas em condição de precariedade (e a linguagem poética não é o reconhecimento, em certa medida, de sua própria fragilidade?) — leva ao chão a casa das palavras ordenadas e, num sopro, instaura um terreno avariado onde subjaz o imprevisível e o não nomeado. Nessa condição de risco da comunicação, em que o silêncio e o som, a apatia e o êxtase, a vida e a morte explodem na fala, a queda individual de Stella se faz e refaz plena de sentido. Isso porque, afinal, esse fato não ocorreu no vazio, mas diante de um outro: os do seu tempo e os de agora que aprendem sobre si mesmos ao descerem com Stella aos jardins sem margens de nossa vida psicológica.

Por fim, dos muitos aspectos mapeados neste livro, um se destaca por revelar a fala cosmogônica de Stella do Patrocínio e a argúcia da poeta pesquisadora para trazê-la aos nossos ouvidos. Trata-se do fundamento mítico que permite à linguagem fundar territórios de expressão em que a ficção e o fato, o delírio e a realidade são, por vezes, indiferenciados. Desde esse território, a voz de Stella soa para ser colocada em diálogo com outras vozes avessas às fronteiras e ao caos que fomentamos. Um exemplo dessa aproximação nos vem à mente quando recuperamos o poema "Paranoia em Astrakan" de Roberto Piva: "Eu vi uma linda cidade cujo nome esqueci/ onde anjos surdos percorrem as madrugadas tingindo/ seus olhos com lágrimas invulneráveis."

Atenta à fala de Stella entrecortada pelos ruídos das fitas cassete, Bruna Beber escreve como a poeta que captura o vazio após a queda da pluma e nos entrega um livro sutil, denso, decorrente de uma singular experiência de investigação. E, ainda, como uma etnógrafa nos labirintos da linguagem, ela decifra e reencena no tempo de agora as mensagens do tempo em que Stella vivia confinada. Dessa conexão, sobressai o tensionamento entre a ausência do corpo de Stella (apesar das imagens que nos relembram seus gestos e sons) e a sua presença cada vez mais provocadora nos desdobramentos de sua fala poética.

Ao mergulhar com Stella, Bruna Beber nos acena com o sentido da "paixão medida" drummondiana, incitando-nos à escuta amorosa do mistério sem, no entanto, nos desligarmos das conexões críticas do pensamento. Assim, em meio às sombras do manicômio e das elipses da poesia, Beber perscruta a possibilidade de alcançarmos o que somos pensando-nos pelo avesso, tal como no canto de Stella do Patrocínio: (...) *Eu não sou da casa/ eu não sou da família/ não sou do mundo/ não sou de nenhuma das cabeças/ e de nenhum dos corpos* (...).

Juiz de Fora, verão de 2022

REFERÊNCIAS

ALVARENGA, Maria Zelia de. "As sete dinâmicas de consciência, a hominização, a inteligência espiritual e o processo de individuação". *Junguiana — Revista da Sociedade Brasileira de Psicologia Analítica,* São Paulo, n. 36, pp. 7-19, 2018. Disponível em: <www.sbpa.org.br/wp-content/uploads/2020/01/N.-36-2.pdf>

AQUINO, São Tomás de. *Questões disputadas sobre a alma.* Tradução de Luiz Astorga. São Paulo: É Realizações, 2013.

BAPTISTA, Josely Vianna (tradução crítica e notas.). *Popol Vuh: o esplendor da palavra antiga dos Maias-Quiché de Quauhtlemallan. Aurora sangrenta, história e mito.* São Paulo: Ubu Editora, 2019.

BENISTE, José. *Mitos yorubás.* Rio de Janeiro: Bertrand Brasil, 2006.

_____. *O outro lado do conhecimento.* 5. ed. Rio de Janeiro: Bertrand Brasil, 2012.

BOSCO, Francisco; COHN, Sergio (orgs.). *Antonio Risério.* Rio de Janeiro: Azougue Editorial, 2009.

CALVINO, Italo. *Sob o sol-jaguar.* Tradução de Nilson Moulin. São Paulo: Companhia das Letras, 1995.

CAVARERO, Adriana. *Vozes plurais: filosofia da expressão vocal.* Tradução de Flavio Terrigno Barbeitas. Belo Horizonte: Editora UFMG, 2011.

CÍCERO, Antonio. *A poesia e a crítica.* São Paulo: Companhia das Letras, 2017.

COLLOT, Michel. "O sujeito lírico fora de si". Tradução de Alberto Pucheu. *Terceira Margem*, Rio de Janeiro, ano IX, n. 11, pp. 165-177, 2004.

COHN, Sergio (org.). *Poesia.br: cantos ameríndios.* Rio de Janeiro: Azougue Editorial, 2012.

EVARISTO, Conceição. *Poemas da recordação e outros movimentos.* Belo Horizonte: Nandyala, 2008.

FANON, Frantz. *Alienação e liberdade: escritos psiquiátricos*. Tradução de Sebastião Nascimento. São Paulo: Ubu Editora, 2020.

_____. *Pele negra, máscaras brancas*. Tradução de Sebastião Nascimento. São Paulo: Ubu Editora, 2020.

HESÍODO. *Teogonia*. Tradução de Christian Werner. São Paulo: Hedra, 2013.

HOUAISS Eletrônico, Versão Monousuário 3.0. Instituto Antonio Houaiss e Editora Objetiva, 2009.

LEMINSKI, Paulo. *Vida*: Cruz e Souza, Bashô, Jesus e Trótski. São Paulo: Companhia das Letras, 2013.

LEXIKON, Herder. *Dicionário de símbolos*. Tradução de Erlon José Paschoal. São Paulo: Círculo do Livro, 1990.

LOPES, Nei. *Novo dicionário banto do Brasil*. Rio de Janeiro: Pallas, 2003.

MACHADO FILHO, Aires da Mata. *O negro e o garimpo em Minas Gerais*. Belo Horizonte: Itatiaia, 1986.

MERLEAU-PONTY, Maurice. *Fenomenologia da percepção*. Tradução de Carlos Alberto Ribeiro de Moura. São Paulo: Martins Fontes, 2015.

MESCHONNIC, Henri. *Linguagem, ritmo e vida*. Tradução de Cristiano Florentino. Belo Horizonte: FALE/UFMG, 2006.

_____. "Manifesto em defesa do ritmo". Tradução de Cícero de Oliveira. *Caderno de Leituras*, Belo Horizonte, n. 40, 2015.

NANCY, Jean-Luc. *À escuta*. Tradução de Fernanda Bernardo. Belo Horizonte: Chão da Feira, 2014.

OVÍDIO. *Metamorfoses*. Tradução de Domingos Lucas Dias. São Paulo: Editora 34, 2017.

PÃRÕKUMU, Umusĩ; KẼHÍRI, Tõrãmũ. *Antes o mundo não existia: mitologia dos antigos Desana-Kẽhíripõrã*. São João Batista do Rio Tiquié: UNIRT; São Gabriel da Cachoeira: FOIRN, 1995.

PATROCÍNIO, Stella do. *Reino dos bichos e dos animais é o meu nome*. Rio de Janeiro: Azougue Editorial, 2001.

PLATÃO. *Íon*. Tradução de Cláudio Oliveira. Belo Horizonte: Autêntica Editora, 2011.

PLUTARCO. *Moralia*. Tradução de Frank Cole Babbitt. Cambridge, Massachusetts: Harvard University Press, 2003. v. 5. Disponível em: <ryanfb.github.io/loebolus-data/L306.pdf>

PEREIRA, Edimilson de Almeida. *Poesia + (antologia 1985-2019)*. São Paulo: Editora 34, 2019.

POMPEIA, Raul. *Obras. O ateneu*. v. 2. Rio de Janeiro: Civilização Brasileira, 1981.

_____. *Canções sem metro*. Campinas: Editora Unicamp, 2013.

QUEIROZ, Sônia (org.). *Vissungos no Rosário: cantos de tradição banto em Minas Gerais*. Belo Horizonte: FALE/UFMG, 2016. Disponível em: <www.letras.ufmg.br/padrao_cms/documentos/eventos/vivavoz/Vissungos%20no%20Ros%C3%A1rio_3a.pdf>

RIBEYRO, Julio Ramón. *Prosas apátridas*. Tradução de Gustavo Pacheco. Rio de Janeiro: Rocco, 2016.

RIMBAUD, Arthur. "Lettre à Georges Izambard" (13 de maio de 1871). *Alea:* Estudos Neolatinos, v. 8, n. 1, 2006.

RUFINO, Luiz. *Pedagogia das encruzilhadas*. Rio de Janeiro: Mórula Editorial, 2019.

SCHERER, Telma (org.). *Ricardo Aleixo*. Rio de Janeiro: Azougue Editorial, 2017.

SCHNAIDERMAN, Boris; CAMPOS, Augusto de; CAMPOS, Haroldo de (orgs.). *Maiakovski: poemas*. Tradução de Boris Schnaiderman, Augusto de Campos e Haroldo de Campos. São Paulo: Perspectiva, 2006.

SIMAS, Luiz Antonio. *O corpo encantado das ruas*. Rio de Janeiro: Civilização Brasileira, 2019.

SIQUEIRA, Cristian. *O fenômeno Seu Sete da Lira: Cacilda de Assis, a médium que parou o Brasil*. Porto Alegre: BesouroBox, 2020.

SOUZA, Cruz e. *Evocações*. Rio de Janeiro: Typographia Aldina, 1898.

TUGNY, Rosângela Pereira de (org.). *Cantos e histórias do morcego-espírito e do hemex*. Rio de Janeiro: Azougue Editorial, 2009.

VIVÈS, Jean-Michel. "A pulsão invocante e os destino da voz". Tradução de Francisco R. de Farias. *Psicanálise & Barroco em Revista*, Rio de Janeiro, v. 7, n. 1, pp. 186-202, jul. 2009. Disponível em: <www.psicanaliseebarroco.pro.br/revista/revista-v-07-n-01>

WISNIK, José Miguel. "O que se pode saber de um homem?". *piauí*, n. 109, out. 2015.

_____. *O som e o sentido: uma outra história das músicas*. São Paulo: Companhia das Letras, 2017.

XAVIER, Arnaldo. *Rosa da recusa*. São Paulo: Pindaíba, 1982.

ZACHARIAS, Anna Carolina Vicentini. *Stella do Patrocínio: da internação involuntária à poesia brasileira*. Dissertação de mestrado. Instituto de Estudos da Linguagem, Universidade Estadual de Campinas, Campinas, 2020.

ZI, Lao. *Dao De Jing*. Tradução de Mario Sproviero. São Paulo: Hedra, 2014.

ZUMTHOR, Paul. *Introdução à poesia oral*. Tradução de Jerusa Pires Ferreira, Maria Lúcia Diniz Pochat e Maria Inês de Almeida. Belo Horizonte: Editora UFMG, 2010.

_____. *Performance, recepção, leitura*. Tradução de Jerusa Pires Ferreira e Suely Fenerich. São Paulo: Cosac Naify, 2014.

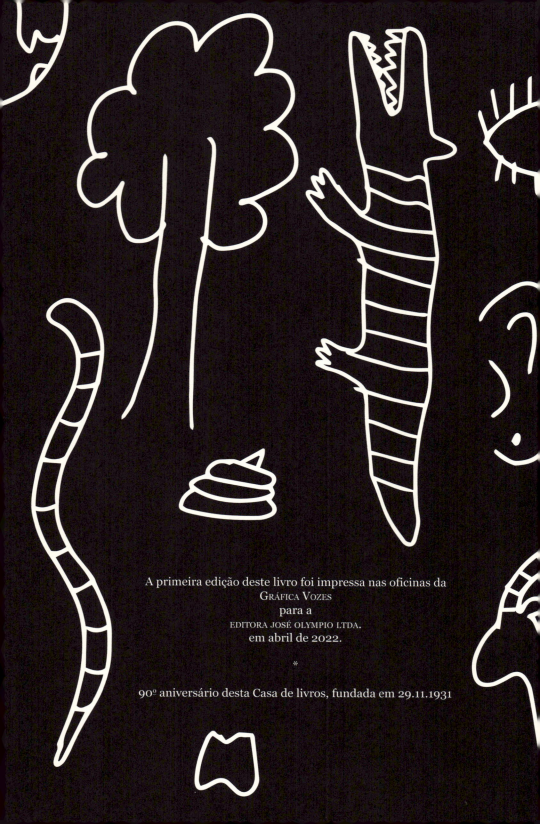

A primeira edição deste livro foi impressa nas oficinas da
Gráfica Vozes
para a
editora josé olympio ltda.
em abril de 2022.

*

90º aniversário desta Casa de livros, fundada em 29.11.1931